中国刑事司法决策机制研究

ZHONGGUO XINGSHI SIFA JUECE JIZHI YANJIU

张祥伟◎著

中国政法大学出版社

2018·北京

图书在版编目（CIP）数据

中国刑事司法决策机制研究/张祥伟著. —北京:中国政法大学出版社,2018. 9
ISBN 978-7-5620-8600-0

Ⅰ. ①中… Ⅱ. ①张… Ⅲ. ①刑法－司法制度－研究－中国 Ⅳ. ①D924. 04

中国版本图书馆 CIP 数据核字(2018)第 227275 号

出 版 者　中国政法大学出版社
地　　址　北京市海淀区西土城路 25 号
邮寄地址　北京 100088 信箱 8034 分箱　邮编 100088
网　　址　http://www.cuplpress.com（网络实名：中国政法大学出版社）
电　　话　010-58908586(编辑部) 58908334(邮购部)
编辑邮箱　zhengfadch@126.com
承　　印　固安华明印业有限公司
开　　本　880mm×1230mm　1/32
印　　张　7.375
字　　数　178 千字
版　　次　2018 年 9 月第 1 版
印　　次　2018 年 9 月第 1 次印刷
定　　价　39.00 元

序言

PREFACE

谈到中国刑事司法决策，难以抛开对于“中心”的研究，无论是刑事司法决策实践所存在的侦查中心与案卷笔录中心，还是目前学界对于另外一个中心——审判中心——的追求，都突出了对于中心的关注。然而，“中心论”的出现与持续恐怕更是基于一种对于刑事诉讼“阶段论”的划分，正是因为刑事诉讼有了立案、侦查、起诉、审判和执行五个阶段的划分，所以才“激发”了实务界对于“中心”的地位之争，更进一步“局限”了学界关于刑事司法决策之“中心化”的界定。可以说，无阶段之分便无中心之争。但是否可以讲有阶段之分就必然引起中心之争呢？

对于中国刑事司法决策之研究，必须把握好两种认识：第一，刑事诉讼阶段化背景下的司法决策未必一定要选定“中心”，对于“中心”的强调恰恰证明了各个阶段无法保证自身权责履行的恰当完整，以致对自身行为存在不自信；第二，刑事诉讼之五个阶段界限存在模糊，界限模糊必然导致各司其职难以实现。只有基于对中国刑事司法决策这两种“假设”的认识，才能真正把握中国刑事司法决策之“真”。

本书并未纠缠于“单个树木”，而是放眼于“整片森林”。本书没有采用平行线式或分解式研究，而是采取一种动态视角予以审视整个中国刑事司法决策。本书不再强调“中心”，既不对于“侦查中心与案卷中心”进行极力否定，也不对目前学界所追求的“审判中心”进行极力肯定，因为无论是否定还是肯定都是对于“中心论”的默认。本书更强调突破“中心”的讨论，指向三个机关对于自身职责的真实履行，即“恺撒的归恺撒，耶稣的归耶稣”。只要做好本职工作，对得起内心的“真”，或许所谓的问题便不再是问题。

目录 CONTENTS

伴随着中国特色社会主义法律体系的逐步形成与完善，我国的法治化进程不断迈向更高的台阶，“法治”的理念也不断深入人心，而作为法治重要方面的司法改革更是不断取得阶段性成果。然而，就中国的整个司法体制运行实践及其成效而言，在取得重大成就的同时，问题依然存在：少数人对司法现状仍有不满和抱怨，目前仍不可避免地存在司法不公与司法腐败现象，而偶发的一些热点案件[1]也将司法机关推向舆论的风口浪尖。对此，学者们也给出了自己的回应。在宏观层面上，从理念观念落后、司法与民意互动、司法机制完善等角度予以研究性回应。在微观层面上，则从案卷移送制度、审判规则、证据规则等视角予以改进性尝试。但是，仅从宏观层面或刑事司法程序的外部视角来观照司法运行的问题，显然很难把握问题之实质，使研究落到实处。而仅从微观层面或具体制度、规则之完善来提出建议，则难免出现一种阶段性思维之弊端——只见树木不见森林。而无论是从宏观层面还是从微观层面所进行的研究，大多都是以一种外部的视角来分析司法运行内部之问题，难免与司法实务存在距离。而从司法运行内部具体决策活动的视角予以观察，则可以对刑事司法体制机制及其运作有更为深刻和全面的理解，而这一视角便是刑事司法决策机制。对于中国刑事司法决策机制进行研究，首先需要把握的一个前提就是我国法院与检察院的“二元司法模式”，[2]而这一司法模式则是建立在司法权分立的基础之上的。

---

〔1〕 如：“佘祥林案”“许霆案”“赵作海案”“药家鑫案”“李昌奎案”“天价过路费案”等。

〔2〕 目前，我国体制呈现出“一府两院一委”的安排，但是监察委所涉及的司法职权主要针对公职人员的职务性犯罪，对象及处理方式具有特殊性，并且最终的公诉机关同样是检察机关，因此将其作为一种特殊制度安排在本书中不予探讨。

第一章
司法权分立背景下的公检法

司法与司法权作为法律和法学上的两个至关重要的概念并非固有概念，司法是基于社会发展之需要而产生的，而司法权则是以司法为依据而存在的。具体到司法权的分立，则当然是以司法权的独立为前提的。只有司法权实现了与其他国家权力的独立之后，才有可能在此基础上谈论司法权的分立。而司法权当然并非自始便是一种独立的权力，它有着一个漫长的独立过程。

第一节　司法权的独立

恩格斯曾说："随着法律的产生，就必然产生以维护法律为职责的机关——公共权力，即国家。"[1]而从这种发生学的视角来看，作为一种具有裁判性功能的"司法"可能自法律产生之时便早已作为一种权力现象而存在。在古代社会里，国家机器远不如现代这样发达，与近现代社会相比，司法之社会自治性明显地占有更为重要的地位。古罗马时期的家长、中世纪的封建领主和中国古代社会的族长等在调解和处理纠纷之时所行使的职能便具有裁判性的功能，是一种广义上的司法职能。这从一个侧面也说明司法在历史上原本是一种带有强烈的社会自治色彩

〔1〕 参见《马克思恩格斯选集》（第2卷），人民出版社1995年版，第538~540页。

的活动，而并非国家某个机关所集中、专有之职能。[1]而就作为一项国家专有权力的司法权而言，或者说完整形态的、独立的司法权的出现则是近代法治社会的事情，是国家权力分立的结果，它呈现出一种司法职能由社会自治型向国家职能型的历史嬗变。

一、中国司法权的独立

在我国古代社会中，“司法”一词的意思是“执行法律”。行政官吏兼具司法职能是我国长达2000多年的封建社会的传统，司法职能一直是从属于行政的一项附属功能，未曾从国家的权力体系中分立出来。正是由于封建社会行政与司法两种职能不分，司法归属于行政，因此那时所谓的“司法”与现代司法之含义相去甚远。[2]而对于法律的执行则是包括了现代的行政与审判的双重内涵。可以说，在我国历史上的封建社会中，司法权无论如何都无法与行政权相抗衡，行政权的政治法律地位远在司法权之上，其行政权之发达程度是世界所罕见的，司法权根本不具有与行政权相抗衡的政治法律地位。自鸦片战争以后，伴随着西学东渐之势，中国有识之士逐渐将西方的民主政治思想介绍并引入中国，三权分立之理论在中国得以传播，司法独立由此便有了生发点。在百年的历史发展进程中，中国司法独立历经曲折，从清末到民国再至新中国的成立，司法独立的实现，可以说是命途多舛。[3]

---

〔1〕 杨一平：《司法正义论》，法律出版社1999年版，第26~27页。

〔2〕 赖梁盟、郝婧文：“从司法改革角度解读司法权”，载《当代法学论坛》2009年第1期。

〔3〕 自民国初年（1912年）专门设立司法机构，使司法脱离行政以来，司法与行政之间“剪不断、理还乱”的关系一直在延续。行政权不仅时常凌驾于司法权之上，而且对司法权的渗透几乎达到了司法系统的内部。即使是在中华人民共和国成立之初，也曾一度采取司法隶属于行政的体制。

（一）西学东渐与清末修律：司法独立之先声

19 世纪中叶，随着中国国门被帝国主义坚船利炮打开，西方之法律文化也被源源不断地输入中国，强烈地冲击了中国传统大法律文明，两种法律文明从此便开始了冲突与融合的过程。一些有识之士开始学习、研究并接纳西方法律观念、体系，同时对中国的传统法律进行深刻反思。代表人物严复就坚决主张实行新法制，并行三权分立之体，保障审判之独立。他指出："所谓三权分立，而刑权所有事者，论断曲直，其罪于国家法典，所当何科，如是而止。"〔1〕变法领袖康有为在变法改制的过程中要求建立君主立宪制，并实行三权鼎立。他认为："近泰西政体，皆言三权，有议政之官，有行政之官，有司法之官，三权立，然后政体备。"〔2〕反封建斗士章太炎对司法之独立也是极力推崇，"晚世之言治者，三分其立法行政司法而各守以有司，惟刑官独与政府抗衡，苟傅于辟，虽达尊得行其罚"〔3〕。不仅如此，他还卓有见地地提出能够保障司法独立的两条举措：首先，司法官吏要由通晓法律、熟悉历史、周知民情之士担任。对相关法律，任何人不得擅改和逾越，如有违反，当惩不怠；其次，政府无权罢黜司法官吏，以保证其独立公正司法不受强权之干涉。从以上具有代表性的人物对司法独立所持立场之发展，可以看出司法观念之转变与更新已成为中国时代发展进程之要求。这不仅为清末修律也为晚清之司法改革从制度层面上确认司法独立奠定了观念基础和舆论基调。

司法制度之改革是清末修律的重要内容之一。1906 年清政府对司法机关予以改组，将刑部改为法部并让其专任司法行政；

〔1〕严复译：《法意·第十九卷第二十六章·案语》。

〔2〕"上清帝第六书"，载《戊戌变法》（第 2 册）。

〔3〕《章化丛书·检论卷七·刑官》。

将大理寺改为大理院并让其专任审判。法部所颁行的《大理院审判编制法》首先确立了司法独立之原则："自大理院以下及本院直辖各审判厅局关于司法裁判全不受行政衙门干涉，以重国家司法独立大权而保人民身体财产。"〔1〕同时其中第12条还规定了审判权与检察权分立之制度："凡大理院以下审判厅、局均须设有检察官。其检察局附属该衙署之内。检察官于刑事有提起公诉之责。检察官可请求用正当之法律。检察官监视判决后正当施行。"〔2〕由此也奠定了检察制度在我国发展的基础。在此之后，载泽在1906年拟定的新官制中表述："首分权为定限。立法、行政、司法三者，除立法当属议院，今日尚难实行，拟暂设资政院以为预备外；行政之事，则专属之内阁各部大臣……司法之权，则属之法部，以大理院任审判，而法部监督之，故与政府相对峙，而不为所节。"〔3〕清政府在随后制定的《各级审判厅试办章程》和《法院编制法》中进一步明确和贯彻了司法独立之原则。清廷在颁布《法院编制法》上谕中也指出："各审判衙门朝廷既予独立执法之权，行政各官既不准违法干涉。"〔4〕1908年9月颁定的《钦定宪法大纲》也规定：审判权由审判机关依法行使，只服从律令，皇帝不得以诏令更改判决，干涉司法审判。

尽管清末修律与司法改革对于司法独立之原则予以了清晰的确认，并且对于该原则在我国的发展起到了奠基性的作用，但是晚清的司法制度改革无疑是带有极大的时代局限性的。一方面它是建立在封建王朝统治基础之上自上而下的一次改革，

〔1〕见《大清法规大全·法律部》。

〔2〕见《大清法规大全·法律部》。

〔3〕（清）载泽："奏请宣布立法奏折"，载《辛亥革命》（第4册），第29页。

〔4〕《大清宣统政统》卷二十八。

某种程度上损害了统治者的统治利益，难以被社会上层所完全接受，并且立法实践并没有结合中国之实际国情，法典编纂以照搬西方法系为主，在“礼与法”的冲突中明显处于下风；另一方面由于半殖民地半封建社会性质下领事裁判权这一“治外法权”的存在，司法独立的现实基础受到了严重打击，国家主权统一之原则遭到了严重破坏，分权只是名存实亡。这两方面都注定了“阻力丛生”的晚清司法改革只能是历史的装饰品，但它“不仅展现出中国人法律意识的觉醒，而且还为中国法律实现近代转型，确立了航标，奠定了基础”。〔1〕

（二）民国时期之司法独立

辛亥革命结束了中国的封建专制制度并建立了中华民国，资本主义的民主法制建设也随着社会变革获得了长足发展，作为现代法治重要原则之一的司法独立也在某种程度上得到了弘扬。南京临时政府颁布的《中华民国临时政府组织大纲》便是依据资产阶级三权分立之原则，设立立法、行政、司法三机关，其第 6 条规定：“临时大总统得参议院之同意，有设立临时中央审判所之权”〔2〕，即由中央裁判所来行使司法权。《中华民国临时约法》可以说是资产阶级宪政运动的结晶，民主性和法治性的程度比较高。它以西方资本主义三权分立制度为范本，将国家权力划分为立法权、行政权、司法权，分别归属于参议院、临时大总统和国务员、法院。其规定“法院以临时大总统及司法总长分别任命之法官组织之。法院之编制及法官之资格，以法律定之”（第 48 条）。并且明言司法独立：“法官独立审判，不受上级官厅之干涉”（第 51 条）。“法官在任中不得减俸或转

〔1〕张晋藩：《中国法律的传统与近代转型》，法律出版社 1997 年版，第 475 页。

〔2〕《南京临时政府公报·法制》一、二号。

职，非依法律受刑罚宣告，或应免职之惩戒处分，不得解职。惩戒条，以法律定之”（第52条）。可见，司法权在中华民国时期已经从法律上得以独立，并且司法独立之原则也通过法律予以明确之。可以说这是对于封建专制制度下司法权完全依赖行政权状态的一种巨大进步，但同样面临着在中国现实国情下难以实施的困境。整个国家尚未统一，多个政权并存，同时帝国主义治外法权仍然没有废除，所以此时的司法权分立与司法独立更多地体现为中国资产阶级的一种追求而难以实施。

在北洋军阀统治的16年中，政治斗争的核心始终围绕着宪制这个问题。1913年10月拟定的《天坛宪法草案》，继承了《临时约法》关于司法独立的原则，并在第88、89条中对此加以进一步明确。直系军阀曹锟1923年公布的《中华民国宪法》（又称《贿选宪法》）是北洋政府正式公布的第一个宪法。该法第101条和第102条基本沿用了《临时约法》关于司法独立的内容：“法官独立审判，无论何人，不得干涉之”，“法官在任中，非依法律，不得减俸、停职或留职”。综观自辛亥革命以后中国法制发展的十几年里，宪制之争是整个法制发展的核心内容，是不同派系争夺合法性的重要筹码。但作为重要筹码的宪制则是当权者的意志产物，完全依附于封建军阀的自身需要。而作为宪制目标之一的司法独立制度也在政治斗争的风雨之中起伏飘摇，并不存在应有的法定性与稳定性。而南京国民政府在实现全国统一之后，则宣布进入训政时期，“确定总理所著三民主义、五权宪法、建国方略、建国大纲及地方自治开始实行法为训政时期中华民国最高之根本法”。《行政纲领案》第4条也规定：“治权之行政、立法、司法、考试、监察五项付托于国民政府总揽而执行之，以立宪政时期民选政府之基础。”1930年制定的《国民政府组织修正案》第四章“司法院”规定：司法院为国民政府最高司法机关，掌握司法审判、司法行政……由此明确了司法院是国家最高审判机关这一地位。在《修正中华民国国民政府组织法》中又申明，行政、立法、司法、考试、监察为五种独立之治权（第 8 条）。“‘司法院’设最高法院、行政法院及公务员惩戒委员会”（第 36 条）。《五五宪草》是国民党政府较早颁行的在形式上初具民主意义的资产阶级宪法，规定“法官依法独立审判”（第 80 条），把司法独立也提到了一个高度。“法官非受刑罚或惩戒处分或禁治产之宣告，不得免职，非依法律不得停职，解任或减俸”（第 81 条）。1947 年《中华民国宪法》把第 80 条修改为“法官超出党派以外，依据法律独立审判，不受任何干涉”。第 81 条添加了“法官为终身职”一句。在《法院组织法》第 90 条还规定：“本章（司法行政之监督）各条之规定，不影响审判权之行使”，为司法独立提供了组织保证。可以说，国民政府时期所制定的相关法律既体现了一种对于西方法律的借鉴，又体现了一种与我国当时客观历史状况的融合，具有相对的先进性与合理性。司法独立之原则也随着现代西方国家价值理念的逐渐引入，在形式上和内容上均获得了某种程度上的发展。

（三）新中国司法权独立行使的历程

1949 年 2 月中共中央发布的《关于废除国民党的六法全书与确定解放区的司法原则的指示》指出：“国民党的六法全书应该废除。”“三权分立”“司法独立”作为资产阶级伪法统的重要组成部分被全盘否定。当然，这并不意味着司法权的分立与司法独立便戛然而止，这只是基于政权性质认识差别而导致的否定性行为，而绝不意味着法律的原则和理念无法得到认可或形成共识。

新中国在 1954 年颁布的《宪法》是我国的宪制建设长足发

展的重要标志，关于司法独立的原则性规定也在其中，其第 78 条和第 83 条分别规定："人民法院独立进行审判，只服从法律"，"地方各级人民检察院独立行使职权，不受地方国家机关的干涉"。而同时期的《法院组织法》与《检察院组织法》也对此原则作了近乎相同的规定，由此便确立了司法独立的宪法根基与组织法依据。从法律层面上确保司法机关不再隶属于政府，而是与同级政府平行的机关，只接受同级人大及其常委会的领导。人民检察院实行的则是垂直领导体制。至此便可以清晰地勾勒出我国立法、行政、司法三机关的职责分工及其特征。然而，这种法律层面的规定往往是形式意义高于实质意义，现实实践中缺乏足够的相互制衡机制。

而 1975 年颁布的《宪法》直接从立法上取消了"人民法院独立进行审判，只服从法律"的条文。党的十一届三中全会公报中则明确指出，"检察机关和司法机关要保持应有的独立性"。随后，五届人大二次会议上通过的《法院组织法》第 4 条和《检察院组织法》第 9 条再次明确规定"人民法院独立进行审判，只服从法律"，"人民检察院依照法律规定独立行使检察权，不受其他行政机关、团体和个人的干涉"。由此该原则又从法律层面上得以确认，而现行宪法对此予以重新确认使其获得宪法根基。20 世纪 80 年代中期以来，随着改革开放进程的不断推进，民主法治的观念也日益深入人心，法治观念的更新又进一步推进了司法改革的步伐。法学界对审判独立等的论断和解释也呈现出一片欣欣向荣的景象，而司法权独立行使这在中国从形式到实质的确立成为当代中国法治现代化之必然趋势。党的十五大已将"依法治国，建设社会主义法治国家"作为当代中国跨世纪的治国方略，说明当代中国法治化的进程得到确立和巩固。2007 年 10 月，"十七大"报告把法治政府建设取得新成效，放到“实现全面建设小康社会奋斗目标的新要求”中，并提出了更加明确、具体的要求。2010 年 10 月，国务院发布《关于加强法治政府建设的意见》。2012 年 11 月，十八大报告进一步明确了 2020 年全面建成小康社会的目标，其中包括“法治政府基本建成”。2013 年 11 月，十八届三中全会要求：①建设法治政府和服务型政府；②推进法治中国建设，坚持法治国家、法治政府、法治社会一体建设。2014 年 10 月，十八届四中全会指出：①目前，中国特色社会主义法律体系已经形成，法治政府建设稳步推进……②坚持法治国家、法治政府、法治社会一体建设。2015 年 12 月，中共中央、国务院印发《法治政府建设实施纲要（2015~2020 年）》，提出到 2020 年基本建成法治政府。2017 年 10 月，十九大要求法治国家、法治政府、法治社会建设相互促进，在过去五年的工作和历史性变革下民主法治建设迈出了重大步伐。2018 年要“加快建设法治政府，把政府活动全面纳入法治轨道”。而 2018 年 3 月修宪更加明确地将“健全社会主义法制”改为“健全社会主义法治”，更加凸显了依法治国理念的客观要求。

纵观中国司法独立之历史，可谓是历时弥久而又道路曲折。司法权独立行使既体现了一种历史发展之必然，也折射了中国国情之特殊。这是一种时势要求与学者努力相结合的结果，更是中国走向司法文明与法治国家的必然要求。

二、域外司法权的独立

历史的发展往往存在着惊人的类似，同中国司法权独立一样，域外司法权的独立也不是一蹴而就的事情，同样经历了漫长的历史发展过程。分权学说滥觞于古希腊、罗马的国家机关职能分立理论。古希腊政治法律思想家亚里士多德较早提出了国家权力分立的观点。学者波利比阿在亚里士多德的基础上，提出了司法权不仅应与其他国家权力分立，而且还应保持与其他国家权力之间的相互制衡，从而形成了司法权理论的雏形。但到了启蒙时代，洛克仍然认为司法权隶属于行政权，[1]直到孟德斯鸠，三权分立的理论才最终得以完整确立，“司法权”也才最终得以独立。

（一）亚里士多德、波里比阿和西塞罗的分权与制衡思想

权力分立理论肇始于亚里士多德，他是分权论这一古典思想的渊源。亚里士多德主张：“力图以中庸的原则，建构权力主体的交替，权力机构的分工，职能的细化及相应法律制度的配套措施，来消除实践中曾出现的或将来可能出现的权力扩张现象，限制权力的越界，以保证社会正义的实现。”[2]他认为：“一切政体都包含三个要素机能即议事机能、行政机能和审判机能。”这是目前认为对国家权力最早的一种明确划分方式。亚里士多德特别强调分权的重要意义，并认为一个政体所划分成的三个要素，是构成这个政体的基础。“一个优秀的立法家在创制法律时必须考虑每一个因素，使其怎样才能更适合于其所构成的政体。如果三个要素（部分）都各自拥有良好的组织，整个政体也将是一个健全的机构。”这些均体现了亚里士多德对于分权理论的一种认识和观点。但是因为古希腊时期的政治生活与近现代社会之间当然存在巨大的差别，当时古希腊的国家机构设置呈现出一种交叉混杂的状态，而绝非不同机关简简单单地各负其责。亚里士多德所提出的构成政体的“三个要素”，虽然

---

〔1〕［英］洛克：《政府论》（下篇），叶启芳、瞿菊农译，商务印书馆2004年版，第90~91页。

〔2〕［古希腊］亚里士多德：《政治学》，吴寿彭译，商务印书馆1981年版，第118页。

与我们所讲“三权分立”中的立法、行政、司法在形式上存在一一对应之关系，但二者所指代的实际意思却相差甚远。因此，严格而言亚里士多德的“政体三机能说”还称不上是真正意义上的分权论，只能算是分权思想的一种早期萌芽。然而无论如何，亚里士多德的《政治学》与《雅典政制》两本著作无疑开创了分权论的理论先河。

古罗马的波里比阿则实现了古希腊的传统政治思想与罗马国家制度的有机结合，其延续了亚里士多德关于国家权力划分为三个要素的思想，在其著作《罗马史》中对三个机关各自的权限进行了比较详细的叙述，并且进一步提出国家权力机关之间要实现相互制衡的思想。可以说波里比阿其实是发展了亚里士多德的思想，并使分权学说又向前迈出了重要的一步。同时波里比阿还认为，国家权力之间的相互配合、维持平衡，才能保证一个均衡、正常、稳定的国家结构的正常运转。以此种特殊形式所构成的政体，会形成一种不可抗拒的力量以至于它可以实现其所决心追求的任何目标。波里比阿认为罗马共和国之所以如此强盛和成功，其重要的原因便在于此。以至于他断言：这是一种最好的政治制度安排。波里比阿希望立法、行政和司法三者之间，在彼此的相互作用中“永远保持原状”，不希望任何一方拥有优越于其他一方的地位。当然，国家和政治制度作为一个机体在运转过程中难免会出现一些问题，这就需要一些补救措施使其恢复原状。他认为当权力系统中的任何一部分如果企图取得优越地位，或者存在过分包揽权力的野心时，其理所当然地应该受到来自其他权力的抗拒与抵制，绝不允许某种权力凌驾于其他权力之上，或者以一种轻侮的态度对待其他权力。即任何超越自身权限的行为都必然被制止，只有如此才能保证国家这个有机体的良好运行。波里比阿的学说被认为是古希腊和罗马文化的一种完美综合与应用，其与亚里士多德的思想存在一种相辅相成的关系，为近现代分权理论及司法独立学说的形成和发展奠定了牢固的理论基础。

波里比阿发展了亚里士多德的分权理论，而其制衡思想也被古罗马的另一位伟大思想家西塞罗进一步发扬光大，进而形成了相对比较完整的依法制衡的理论体系。西塞罗对制衡思想的主要贡献是他对依法制衡思想的特别强调。他指出："权力从属于法律，执政者的权力来源于法律，任何执政者都是法律的臣仆；因为法律统治官吏，所以官吏才可以统制人们。官吏乃是会说话的法律，而法律乃是不会说话的官吏。"官吏只有做到依法正当、合理地行使权力，才能真正代表公民的利益和意志。在西塞罗看来，特权与法治具有不相容性，任何人不应当享有法律之上的特权，即使是执政官违法也要受到法律制裁。他把法律提到一切权威之上，认为人人都是"法律的臣仆"。西塞罗的观点最主要是强调了法制的重要性，更多的是奠定了近代法治论的基础。

（二）英国约翰·洛克的分权理论

约翰·洛克作为古典自然法学派的杰出代表，在英国 1688 年"光荣革命"之后，完成了一项具有重大历史意义的工作，即对古老的分权学说赋予了新的内涵与生命力，并使该思想在更大的范围内得以传播。他的这一历史性的功绩以其著作《政府论》的问世为标志。由于资本主义发展的萌芽最早发生在英国，英国理所当然地成为资产阶级世界的缔造者。而洛克的一生恰恰经历了英国资产阶级革命的整个过程。洛克以其杰出的智慧与胆识，不仅成为英国资产阶级革命最成功的观察者与实践者，也成为宣扬这场革命价值与意义的最佳发言人。在其《政府论》（下篇）中，洛克提出了理想的治国方案，即立法权、行政权、对外权三权分立的思想，从此使处于萌芽状态的分权理论得以复苏，进而形成了西方法律思想史上最具影响力的一个崭新而又伟大的命题——“三权分立”理论。

洛克的分权学说主要包括三方面内容：①每个国家都有三种权力，三权必须分立；②立法权的地位最高；③三权之间相互制约，彼此协同。他认为“立法权和执行权往往是分立的”；“执行权和对外权这两种权力……几乎总是联合在一起的”；“并且如果同一批人同时拥有制定和执行法律的权力，这就会给人们的弱点以绝大诱惑，使他们动辄要攫取权力，借以使他们自己免于服从他们所制定的法律，并且在制定和执行法律时，使法律适合于他们自己的私人利益，因而他们就与社会的其余成员有不相同的利益，违反了社会和政府的目的”。〔1〕但是必须予以明确洛克所说的“三权分立”并非现在所讲的三权分立，就其实际而言只是“两权分立”。他只是论述并强调了立法权和行政权两种权力的分立，因为他认为对外权和行政权实际是性质相同的两种权力，即都是执行法律的权力。洛克分权思想与理论的产生，实际上是对当时资产阶级革命需要的一种迎合，成了新兴资产阶级从封建势力手中夺取政权的一项重要理论武器，其分权思想主要表现为一种阶级分权论，主要是对英国君主立宪这种政治制度的概括总结。英国当时通过民选而产生的资产阶级议会作为立法机关，对以国王为代表的行政机关开始具有绝对权威性，而这种阶级间的分工更多的是英国特有君主立宪体制的一种体现，而与现代西方国家权力机关之间的分权存在巨大差异。因此，洛克的分权思想更多的是基于一种对资产阶级革命需要的考虑，而绝非完全为发展理论而提供

---

〔1〕［英］洛克：《政府论》（下篇），叶启芳、瞿菊农译，商务印书馆 1964 年版，第 91~92 页。

观点。

而对于司法权的理解，洛克的观点则是："由有资格的著名法官来执行司法和判断臣民的权力。"[1]然而，关于司法机关的独立地位这个问题则成为洛克分权理论的一大缺陷，因为洛克对于司法权地位这个问题确实忽略了。这是因为洛克的分权论毕竟是英国资产阶级革命的产物，是君主立宪制政体的一种理论表现。而资产阶级革命的不彻底性必然决定了其理论的残缺性。当时君主立宪制刚刚得以建立，该理论最重要的目的主要聚焦于解释英国所发生的一切，而并非去构建一种比君主立宪制政体更优越的政体。而在当时革命完成后初期，司法机关从立法机关和行政机关中分化才刚刚开始，刚刚脱离王权的司法机关在独立问题上处于一种幼稚和不发达的状态，这也是造成洛克没有注意到司法独立地位这一重大问题的主要原因之一。但毫无疑问，洛克的分权理论对后世资产阶级的法学理论以及实践活动产生了巨大的影响，为成熟形态的三权分立学说的最终形成，进一步奠定了思想和理论甚至可以说是实践方面的基础。

（三）孟德斯鸠的"三权分立"理论

近代完整意义上的"三权分立"学说是由思想家孟德斯鸠完成的。其最大的功绩在于对立法权、行政权予以肯定的同时，创造性地提出了司法权在国家权力系统中的独立地位即司法独立，而司法独立原则则是对"三权分立"学说的进一步发展和完善。因此，有学者认为司法独立作为一项重要的制度和法治原则，是在 18 世纪资产阶级取得胜利以后进而确立起来的，它

〔1〕［英］洛克：《政府论》（下篇），叶启芳、瞿菊农译，商务印书馆 1964 年版，第 84 页。

主要渊源于孟德斯鸠的“三权分立”理论。[1]孟德斯鸠在其《论法的精神》一书中，对国家的权力结构予以重新分析，并充分论证立法、行政、司法三种权力的分立与相互制约的关系，他指出：“在任何政府中都存在三种权力：立法权；与有赖于国际法的各事项相关的行政权；与有赖于民法（Civil Law，即国内法）的各种问题有关的行政权。”“我们将第二种权力简称为国家的行政权力；第三种权力称为司法权力。”[2]而所谓的三权分立，就是通过法律规定将这三种国家权力分别交给三个不同的国家机关执掌，既要保持各自的权限，又要互相制约保持平衡。

在奴隶制和封建制国家中，司法权要么与立法权、行政权合而为一，要么依附于行政权而存在，造成国家权力的高度集中，而这必然导致专制统治。孟德斯鸠对此尖锐地指出：“如果立法权和行政权集中在同一个人或同一执行机关之手，自由便不复存在了，因为人们害怕同一个国王或议会将制定暴虐的法律，并以暴虐的方式执行这些法律。”“如果司法权不从立法权和行政权中分立出来，自由也不复存在了。如果司法权与立法权合二为一，则公民的生命与自由被置于专断的控制之下，因为法官就是立法者。如果司法权与行政权合二为一，法官将对公民施以暴力和压迫。如果同一个人或是同一机构（无论是贵族或人民的机构）行使这三种权力，即立法权、执行公共决议权和审理个人间案件的权力，则一切都完了[3]。”这便是说如

---

〔1〕 朱力宇主编：《依法治国论》，中国人民大学出版社2004年版，第520页。

〔2〕［法］孟德斯鸠：《论法的精神》（上），张雁深译，商务印书馆1982年版，第151页。

〔3〕［法］孟德斯鸠：《论法的精神》（上），张雁深译，商务印书馆1982年版，第151~152页。

要保证真正的政治自由，三权必须分别执掌于不同人或不同国家机关之手，自由是不允许二权合一或三权合一的，必须实行三权分立的制度。

孟德斯鸠深刻揭示了有权力的人容易滥用权力这一人性的弱点。他认为："一切有权力的人都容易滥用权力，这是万古不易的一条经验。有权力的人使用权力一直到遇有界限的地方才休止。"〔1〕所以其学说便是以保障公民的政治自由为出发点的。基于此，他进一步指出："一个公民的政治自由是一种产生人人自感安全的心境平安状态。为了享有这种自由，就必须要有一个谁也不必惧怕谁的政府。"〔2〕孟德斯鸠的这句话进一步向世人阐明：无论是在什么社会中，人们都必须要防止权力滥用的发生，那种超越权限范围的越权现象是存在着严重危害的。因此，如何去构建一种能够保障人们享有充分自由的社会，进而使人们尽情地享受自由和快乐是一个社会最重要的事情。

由于孟德斯鸠以如此明确无误的语言来说明立法权、行政权与司法权的分立及其宗旨，并进一步阐明三权分立之重要性，因此后人将他视为三权分立学说的真正创始人。他使人们进一步清晰地认识到在一个国家中立法权、行政权和司法权不仅要实现分立，而更重要的是要通过权力分立以实现权力制约权力的重要道理。"从事物的性质来说，要防止滥用权力，就必须以权力制约权力（It is necessary from the very nature of things that power should be a check to power）。"〔3〕当然，孟德斯鸠所提出

---

〔1〕［法］孟德斯鸠：《论法的精神》（上），张雁深译，商务印书馆1982年版，第154页。

〔2〕［法］孟德斯鸠：《论法的精神》（上），张雁深译，商务印书馆1982年版，第151页。

〔3〕［法］孟德斯鸠：《论法的精神》（上），张雁深译，商务印书馆1982年版，第150页。

的是三权分立（Seperation）与制约（Check）学说，而不是“制衡”（Check and balance），他只是强调要实现制衡，但却没有进一步论证三权该如何实现互相制约，以至最终能够达到一种权力平衡的状态。在他之后不久，美国宪法的制定者们则创设了三权分立与制衡的制度，并进一步通过美国的政治体制实践将这种制度变成了现实。而美国宪法的制定者们则是以孟德斯鸠的理论为基础的，如果没有孟德斯鸠的科学理论做指导，则美国宪法可能完全就是另外一种模样。难怪“美国宪法之父”麦迪逊这样说：“在这个问题上，常常要求教和引证的先知是孟德斯鸠。”由此可见，将孟德斯鸠作为三权分立的创始人可谓是实至名归。同时，经过美国实践的运用，可以明确一种理论如果被实践所掌握，它将拥有一种超越的力量来推动社会的发展与进步。

（四）汉密尔顿等的分权制衡理论与实践

三权分立与分权制衡理论的最主要的实践者无疑应该是美国的亚历山大·汉密尔顿、约翰·杰伊、詹姆斯·麦迪逊三位，而对于理论的理解与发展则主要体现在《联邦党人文集》之中。他们三人中汉密尔顿做出的贡献尤为突出，他对后世实践活动的影响也最为深刻。

从三权分立到三权制衡的理论发展与完善，汉密尔顿等三人做出了杰出贡献，他们认为司法的独立不但是十分必要的而且更是具有重要意义的。理由是：第一，司法独立是防止其他两权侵犯的需要。他们认为“行政部门不仅具有荣誉、地位的分配权，而且掌握社会的武力。立法机关不仅掌握财权，而且可以制定公民权利与义务的准则。与此相反，司法部门既无军权，又无财权，不能支配社会的力量与财富，不能采取任何主动的行为，故可正确断言，司法部门既无强制，又无意志，而只有判断；而且为实施其判断亦需借助于行政部门的力量”〔1〕，由于司法部门处于相对的弱势地位，必然容易招致其他两权的侵犯与威胁，因此就必须更加强调和重视司法的独立地位。第二，司法独立是保卫宪法和人权的需要。司法独立“是保卫社会不受偶发的不良倾向影响的重要因素，并不仅是从其可能对宪法的侵犯方面考虑。有时此种不良倾向的危害仅涉及某一不公正或带偏见的法案对个别阶层人民权利的伤害。在这种情况下，法官的坚定不阿在消除与限制不良法案的危害方面也有极为重要的作用。它不仅可以减少通过此类法案的危险，并可以牵制立法机关的通过。立法机关如预见其不良企图将为法院甄别即不得不对其不良企图有所节制”。因此，“法官之独立对保卫宪法与人权亦具有同样重要的意义。”〔2〕第三，司法独立也是法院履行违宪审查和司法解释职责的需要。总之，国家的尊严是通过司法权的行使来实现的，公正是通过司法权的行使得以具体化的，“法院的完全独立在限权宪法中尤为重要”〔3〕。

此外，汉密尔顿等人还认为司法独立就是法官独立。如果法官没有独立的地位，那么法院的独立审判就不可能存在。因此，法官的独立地位必须有相应的措施来予以保障，而这些制度主要包括：第一，法官职务终身制。他们认为如果要使法官真正实现独立，就必须能够保障法官的终身任职。因为“坚定、一贯尊重宪法所授之权与人权，乃司法所必具的品质，绝非临

〔1〕［美］汉密尔顿等：《联邦党人文集》，程逢如等译，商务印书馆1995年版，第391页。

〔2〕［美］汉密尔顿等：《联邦党人文集》，程逢如等译，商务印书馆1995年版，第394~395页。

〔3〕［美］汉密尔顿等：《联邦党人文集》，程逢如等译，商务印书馆1995年版，第392页。

时任命的司法人员所能具备。短期任职的法官，不论如何任命或由谁任命，均将在一些方面使其独立精神受到影响。”〔1〕第二，法官工资固定制。他们认为：“最有助于维护法官独立者，除使法官职务固定外，莫过于使法官薪俸固定。”〔2〕因为“就人类一般天性而言，如果对某人的生活拥有控制权，就等于对其意志拥有控制权。在任何置司法人员的财源于立法机关的不时施舍之下的制度中，司法权与立法权的分立将永远无从实现。”〔3〕因此，法律应明确规定立法机关无权改变法官的个人收入。只有如此，“法官始得确保其生活，不虞其境况的变化而影响其任务的执行。”〔4〕第三，法院应承担起违宪审查和司法解释的职责，具有违宪审查和司法解释的权力。法院所承担的违宪审查和司法解释这两项职责使司法独立成为必要，所享有的这两项权力使司法独立得到保障。“解释宪法乃是法院的正当与特有的职责。而宪法事实上是且应当被法官看作根本大法，所以对宪法以及立法机关制定的任何法律的解释权都应当归属于法院。如果二者之间出现不可调和的分歧，自以效力及作用较大者为准。亦即：宪法与法律相比较，以宪法为准；人民与其代表相比较，以人民的意志为准。”〔5〕

汉密尔顿不仅完整系统地提出“三权分立”学说，并成功

---

〔1〕［美］汉密尔顿等：《联邦党人文集》，程逢如等译，商务印书馆1995年版，第395页。

〔2〕［美］汉密尔顿等：《联邦党人文集》，程逢如等译，商务印书馆1995年版，第396页。

〔3〕［美］汉密尔顿等：《联邦党人文集》，程逢如等译，商务印书馆1995年版，第396页。

〔4〕［美］汉密尔顿等：《联邦党人文集》，程逢如等译，商务印书馆1995年版，第396页。

〔5〕［美］汉密尔顿等：《联邦党人文集》，程逢如等译，商务印书馆1995年版，第396页。

地将分权学说应用于美国的宪政实践，使之成为其后各国政权组织的理论基石。立法权、行政权和司法权构成现代国家最为重要的三项权力，这些权力有其各自的基本特性和运行规则，并由三种不同的国家机关分别行使，已成为现代国家制度运作的基本模式。由此可见，司法权的独立是随着近代分权学说的逐步完善而完成的。这一过程同样体现出一种历史发展规律之要求和学者思想引导之贡献的共同结合，同样也呈现出一种司法独立的艰难曲折性。

三、“三权分立”之质疑

通过以上对于中国及域外司法权独立理念发展与实践过程的分析，可见国家权力的分立形成了统治至今的经典三权分立理论范式，在这种理论范式下的权力实际运作模式是立法部门负责制定法律，司法部门负责根据立法部门制定的法律来解决纠纷，而行政部门则是主动实施生效的法律。自资产阶级革命以后，人们在运用孟德斯鸠的理论建立分权制衡的宪制体制时，往往普遍认为国家的统治权是可以按照性质的不同进行明确界分的，并进而可以依此理论来建构自己的国家权力体系。而对于司法权性质及地位的认识，汉密尔顿与其他联邦党人一起，在其《联邦党人文集》中对司法权的特性从政治学角度进行了比较具体的论述。而当1787年司法权被载入美国宪法后，分权学说即由学术层面进入现实实践，司法权的概念也逐步呈现出法律性、技术性以及程序性等特征，实现了与立法权和行政权的分立。

然而随着时间推移和社会的不断发展，权力与权力之间本来似乎明晰的界限却日益模糊起来。19世纪以来，传统的立法、行政、司法三权划分中的行政权呈现日趋膨胀之势，不但由行政机关承担的授权性立法的比例越来越大，而且行政机关大量的行政裁决行为还以准司法的形式充当着“裁判员”的角色。这就意味着行政权在某种程度上不仅在行使立法权的一部分权力，还在“侵占”司法权的地盘；与此类似，司法权“入侵”立法权的现象也并不少见。而判例法国家中的司法判例本身就是法律，立法权与司法权之间的混同就更明显了。这些当代各国权力运作实践所存在的现象在某种程度上证明，理论上边界分明的三权在当代各国实践中已渐趋模糊。正如凯尔森在给“分权”〔1〕下定义时曾指出：“‘分权’概念确定了一个政治组织的原则。它预定三种所谓权力可以被决定为三个不同的、对等的国家职能，并且有可能确定将这三个职能相互分开的界线。但是这种预定是不符合事实的……确定将它们相互分开的界线也是不可能的，因为法律的创造和适用之分，作为基础的立法权和（最广义的）执行权的二元论，只有一种相对的性质，国家的大多数行为都同时既是创造法律又是适用法律的行为。将法律的创造分给一个机关而法律的适用（执行）又分给另一机关，分到如此专门的地步以致不会有一个机关同时履行这两种职能，这是不可能的。”〔2〕而运用发展的眼光来重新审视便可知，三权分立确实只是一种理论，各国的政治实践不但没有与其完全一致，而且实际上呈现出各种不同的形态。

到了19世纪末和20世纪早期，三权分立理论受到了更为严重的挑战，这种理论所暴露的弊端在西方社会早就受到了广泛

---

〔1〕 英国学者维尔在批判纯粹权力分立学说时也指出，要做到任何部门都不再需要行使其他部门的职能，在实践上，这种职能划分从来也没有实现过，即使可能，事实上也不可行，因为它将涉及政府活动的中断，而这是无法容忍的。

〔2〕［奥］凯尔森：《法与国家的一般理论》，沈宗灵译，中国大百科全书出版社1996年版，第299页。

和严厉的批评〔1〕。进入现代社会以后，随着现代政府管理模式的不断发展，在传统的国家分类之外出现了越来越多的具有新内容的国家权力，权力的扩张和相互交织使得用传统分权理论很难对其进行科学判断〔2〕。美国著名行政法学家施瓦茨甚至感叹："为了有效地管理经济，三权分立的传统必须放弃"，"行政机关典型地集立法权与行政权于一身。它们有权制定具有法律效力的规章，这是立法性权力；有权裁判案件，这是司法性权

〔1〕［英］安德鲁·海伍德：《政治学》，张立鹏译，中国人民大学出版社2006年版，第370页。边沁和奥斯丁首先抨击了孟德斯鸠对政权三分的系统阐述，"这种批评为讨论议会制政府的著作者所承继，以后在德国、法国和美国又有进一步的发展；因此到了20世纪初的几十年里，18世纪那种漂亮的、简单化的关于政府职能的观点已经被打得血肉模糊、残缺不全"。随后，维尔更进一步地认为："纯粹权力分立学说隐含着的是，可以在政府的各部门之间对政府职能作独到的划分，做到任何部门都不再需要行使其他部门的职能。在实践上，这种职能划分从来也没有实现过，即使可能，事实上也不可行，因为它将涉及政府活动的中断，而这是无法容忍的。但对政府职能三分概念的批评可以大大深入一些，而不仅仅指出它从来也没有在实践中完全实现。人们可以提出，政治结构的'多重职能'可以甚至必须达到这一点，即任何职能划分的努力都是不可能的。"在其看来，"事实上，每一种结构要完成的都不是一个压倒一切的工作，而是若干工作。因此，'立法机关'在权力分立理论中是同'立法权'相联系的，但它的代议性质又保证它事实上将同其他一些任务相联系，诸如财政控制、监督行政、纠正冤错，以及审议一些具有普遍意义的问题，即使这些问题不涉及立法，但看来它们也与这个代议结构的机构而不是与其他机构相联。'国会'这个比较陈旧的术语要比'立法机关'这个比较现代的术语更好地表现了这一机构的性质"。［英］维尔：《宪政与分权》，苏力译，三联书店1997年版，第5~6、303页。纯粹法学的创始人凯尔森也认为："司法权对所谓行政权的分立，也只是在比较有限的范围上才是可能的，这两种权力的严格分立是不可能的，因为通常以这些术语所称的两种类型的活动实质上并不是不同的职能。事实上司法职能完全是同平常用行政一词所描绘的职能一样，具有同样意义的执行职能，司法职能也在于一般规范的执行。"［奥］凯尔森：《法与国家的一般理论》，沈宗灵译，中国大百科全书出版社1996年版，第313页。

〔2〕王建国："司法能动的正当性分析"，载《河北法学》2009年第5期。

力”。[1]这不仅使人们对权力的分立争论不休、无所适从，更使得司法权的独立性乃至其独特的内涵不但变得模糊，而且愈发地让人怀疑。因此，对于司法以及司法权的理解或许不应该只专注于其渊源，或许更应该关注的是其所处的社会现实的发展变化，在遵循以发展的眼光看问题的前提下，结合本国实情以及时代要求，见仁见智，而绝不是固守理论。

四、司法与司法权之再理解

在西方，关于“司法”的定义尚未存在一个统一的界定，但是就大体意义而言，每当人们提及司法这个词的时候总是与法官以及裁判（审判）联系在一起。其中，《牛津高阶英汉双解词典》对“judicial”一词的解释为：“法庭的；法官的；审判的；司法的”[2]。《牛津法律大辞典》将“judicial”解释为“关于法官的术语，在很多情况下区别于‘立法的’和‘行政的’，在另外一些情况下区别于‘司法之外的’，后者指不经法院的处理以及没有法官干预的处理”[3]；按照《元照英美法词典》的解释，“judicial power”意指“法院和法官依法享有的审理和裁决案件，并作出有拘束力的判决的权力，与立法权和行政权相对”。[4]与此相吻合的是，各主要宪制国家通常情况下都是将司法权授予法院，或者说在宪法层面上所言之司法权也往往只是指法院行使裁判之权力。例如《美国宪法》第3条规定：

---

〔1〕［美］伯纳德·施瓦茨：《行政法》，徐炳译，群众出版社1986年版，第6~7页。

〔2〕Judicial：“connected with a court of law，a judge of legal judgement”，《牛津高阶英汉双解词典》，牛津大学出版社、商务印书馆2004年版，第982页。

〔3〕北京社会与科技发展研究所：《牛津法律大辞典》，光明日报出版社1988年版，第484页。

〔4〕薛波：《元照英美法词典》，法律出版社2003年版。

“合众国的司法权属于最高法院及国会随时决定与设立的下级法院。”《德国基本法》第 92 条规定：“司法权付托于法官；由联邦宪法法院、本基本法所规定之各联邦法院及各邦法院分别行使之。”《意大利宪法》第 102 条规定：“司法职能由按法院组织法规则设置与调整的普通法官行使。”《日本宪法》第 76 条规定：“一切司法权属于最高法院及由法律规定设置的下级法院。”以上各国之所以对司法予以如此界定，并在宪法中予以法定化，都与近代意义上的分权学说存在密不可分的关系。

基于上述有关司法的界定以及对司法权所存在的不同认知的分析我们可以看出，在域外：第一，司法和行政是密切关联的，二者作为另种执行法律的权力与立法权相对应，一起从国家权力中渐渐分离出来；而作为执行法律的权力，究竟何者是行政机关的权力，何者是司法机关的权力，在不同的时代往往存在不同的理解。第二，司法一词通常而言主要是与法院相联系的，只有法院才能称得上是司法机关；也只有法院所行使的执行法律的职权活动才能称得上是司法，而其他国家机关的职权活动则不能被称为司法。并且在普通法系国家中的司法权往往是指法院审判一切法律意义上的争讼案件，包括民事案件、刑事案件、行政案件等。而且托克维尔在 100 多年以前较早地提出司法权是判断权这一命题，〔1〕他这里所称的司法权指的是审判权。按照孟德斯鸠分权学说建立起来的资本主义国家体制实行立法、行政、司法三权分立，因而其通行的“司法”一词与审判实为同义词，即司法就是审判；相应地，司法权就是审判权，司法机关也就仅指审判机关。第三，对于司法权的界定难免会受到三权分立理论和宪制制度框架之影响。其理论假设

〔1〕［法］托克维尔：《论美国式的民主》（上卷），董国良译，商务印书馆 1993 年版，第 110 页。

是：立法权、行政权、司法权已经将全部国家权力划分完毕，并且每一种权力都分别由专门的一类国家机关来行使；其他任何一种权力都必然要归入这三种权力中，而对于行使国家权力的任何机关同样也必然分别属于立法机关、行政机关、司法机关三机关之一。

坦率地讲，我国学界一直以来对于司法及司法权的理解众说纷纭、莫衷一是。但这些观点大致可以从广义、中义和狭义三个层面上进行划分。

第一种，即广义层面上的观点。该种层面的观点认为，所谓司法权即对于社会纠纷进行处理之权力，它应该包括一切与社会纠纷的处理和解决有关的权力，即审判机关、检察机关、侦查机关、司法行政机关以及律师、公证、仲裁等司法组织在办理诉讼案件和非讼案件过程中所享有的权力[1]。换言之，司法权不仅仅是指审判权，而且应该包括仲裁权、调解权、行政裁判权、司法审查权和国际审判权等，其范围可以说是十分广泛的。这一广义层面上的观点之理论依据主要来源于我国《刑法》中的相关规定——“本法所称司法工作人员，是指有侦查、检察、审判、监管职责的工作人员”，“根据本条之规定，司法工作人员是指在人民法院、人民检察院、公安机关、国家安全机关、司法行政机关中执行侦查、检察、审判、监管职责的人员。此外，人民陪审员在人民法院执行职务期间，由于同审判员有同等权利，因而也属于司法工作人员”。[2]正是基于此种规定，司法就是指司法机关和司法工作人员依法执行法律的活动，而司法权则是上述机关以及工作人员在司法活动中所享有之权

〔1〕 吴磊：《中国司法制度》，中国人民大学出版社 1988 年版，第 43 页。章武生、左卫民：《中国司法制度导论》，法律出版社 1994 年版，第 2 页。

〔2〕 参见现行《刑法》第 94 条。

力。这种广义层面上的观点在研究诉讼领域特别是司法制度的学界仍然是比较流行的[1]。如杨一平教授认为："在现代意义上，司法是指包括基本功能与法院相同的仲裁、调解、行政裁判、司法审查、国际审判等解纷机制在内，以法院为核心并以当事人的合意为基础和国家强制力为最后保障的，以纠纷解决为基本功能的一种法律活动。"[2]黄竹生教授认为："司法权是一种特殊的权力，它是介于国家权力和社会权力之间的权力。"[3]由此可见，广义层面上的司法权是一种包含多种权力之权力，在权力的种类及范围上具有广泛性。当然，学者对广义司法权说的认知也经历了一个不断反思的过程，在这个过程中也曾提出了较为狭义的"司法权学说"。该学说认为司法权不再是一种基于刑事法律规定而形成的无所不有的权力，而仅仅是指公安、检察和审判机关等国家司法机关在司法活动过程中代表国家行使的权力，[4]并且认为公安机关仅仅是在参与刑事案件时才能行使部分的司法权。然而，此种观点只是像一个简单的过渡一样，在尚未被广泛进行讨论和接受的情况下，便迅速地被更为狭义的"司法权说"所取代或吸收。

第二种，即中义层面上的观点。该层面意义上的观点认为，公安机关、国家安全机关以及司法行政机关理应属于行政机关的组成部分，不可否认它们在一定程度上参与了司法过程，并且还与审判机关和检察机关所进行的法律适用活动联系密切，但是将其"称之为广义的'政法机关'尚可"，却不能将其归

---

〔1〕 打开关于司法制度的教材和著作，几乎都把审判、检察、侦查、律师、公证、监狱、仲裁制度包括在司法制度之内加以介绍和说明。

〔2〕 杨一平：《司法正义论》，法律出版社 1999 年版，第 26 页。

〔3〕 黄竹生：《司法权新探》，广西师范大学出版社 2003 年版，第 4 页。

〔4〕 陈守一、陈宏生：《法学基础理论》，北京大学出版社 1981 年版，第 363 页。栗劲、李放：《中华实用法学辞典》，吉林大学出版社 1988 年版，第 494 页。

属于司法机关之范围，[1]司法权包括且仅仅包括法院的审判权和检察院的检察权。[2]此种中义层面上的观点不但得到了学界主流的支持，而且还得到了检察机关的自我认同，[3]同时获得了党和国家立法机关在法律层面上的某种认可。[4]正是基于此，我国的司法系统或司法机关往往是指人民法院和人民检察院二者。与此相适应，司法权则是包括审判权和检察权两种权力。如张文显教授等人认为："司法是指国家司法机关依据法定职权

---

〔1〕 张文显：《法理学》，高等教育出版社、北京大学出版社1999年版，第307页。

〔2〕 参见陈守一、张宏生主编：《法学基础理论》，北京大学出版社1981年版，第363页；栗劲、李放主编：《中华实用法学辞典》，吉林大学出版社1988年版，第494页；沈宗灵主编：《法理学》，高等教育出版社1999年版，第344～345页；张文显主编：《法理学》，法律出版社1997年版，第365页；张文显主编：《法理学》，高等教育出版社1999年版，第306～307页；付子堂主编：《法理学初阶》，法律出版社2005年版，第330页。而这一观点同时为过去及当下的宪法学界所认同，可以参见有关宪法学教科书。

〔3〕 在2006年3月11日最高人民检察院向第十届全国人大第四次会议所作的工作报告中，贾春旺提出："根据党的十六大和中央关于推进司法体制改革的部署，最高人民检察院制定了《关于进一步深化检察改革的三年实施意见》，以保障在全社会实现公平和正义为目标，以解决制约司法公正和人民群众反映突出的问题为重点……"

〔4〕 从党的十五大到党的十七大，在大会的会议公告中所指的司法机关均是指法院和检察院。党的十五大提出要"推进司法改革，从制度上保证司法机关依法独立公正地行使审判权和检察权"，十六大报告则提出"推进司法体制改革，按照公正司法和严格执法的要求，完善司法机关的机构设置、职权划分和管理制度。从制度上保证审判机关和检察机关依法独立公正地行使审判权和检察权"。十七大报告指出：深化司法体制改革，优化司法职权配置，规范司法行为，建设公正高效权威的社会主义司法制度，保证审判机关、检察机关依法独立公正地行使审判权、检察权。而全国人大在《第十届全国人民代表大会第四次会议关于最高人民检察院工作报告的决议》中要求最高人民法院和最高人民检察院"要以邓小平理论和'三个代表'重要思想为指导，全面落实科学发展观……推进司法改革，维护社会稳定"。进行语义分析可知，这里明白无误地表明了执政党和立法机关所认可的司法机关包括检察院。

和法定程序，具体应用法律处理案件的专门活动"[1]。与此相类似，陈光中教授等人将"司法"界定为诉讼，认为"司法是国家解决纠纷、惩罚犯罪的诉讼活动"。[2]从他们的观点中可以看出，其认为司法应该具有以审判为中心、以公正为灵魂、以严格法定程序为表象、以判断性为基本要求、以权威性为重要标志等特征，而这些特征则不仅符合于审判权，同样也可应用于检察权。

第三种，即狭义层面上的观点。狭义层面上的观点持有者们通过重返对于司法权"本源"的探究，进而对检察机关之司法属性的界定提出质疑与挑战。该观点持有者认为所谓的司法权应该具有"中立性、消极性、判断性、独立性和终局性"等相关特性，并且从此标准出发进而对检察机关予以审视，试图将其从"司法权"的范围中予以排除，即认为司法权应当只属于法院。这一狭义层面的观点试图通过将检察机关排除在"司法机关"之外并将其划归到行政机关之列，进而对检察机关"法律监督者"之地位予以否定。如陈瑞华教授认为："司法是与审判有着内在联系的活动，司法权往往被直接称为司法审判权。"[3]王利明教授认为："司法就狭义而言，是一种裁判活动，即由法院对当事人之间的纷争进行裁判。"[4]显而易见，此种观点是将司法等同于审判，也就是把司法权等同于审判权。在此基础上，此狭义层面的观点又可分为几种学说：判断权说，指司法权的享有者是法院，由其对当事人所提请解决的涉及当事

---

〔1〕 张文显等：《法理学》，高等教育出版社 2003 年版，第 276 页。

〔2〕 陈光中等：《中国司法制度的基础理论问题研究》，经济科学出版社 2010 年版。

〔3〕 陈瑞华："司法权的性质"，载《法学研究》2000 年第 5 期。

〔4〕 王利明：《司法改革研究》，法律出版社 2000 年版，第 8 页。

人人身权益与财产权益的纠纷予以判断，并由其对法律进行释义进而宣告法律是什么。司法权是一种终局性权力，这种权力被赋予法院和法官，以区别于立法权和行政权。独立权力说，则是指司法权是法院享有的、独立于行政权并对其进行制约的、依照成文法和判例法决定案件的终局性权力。案件权力说，指大陆法系的司法权是指法院审判民事案件和刑事案件，另在行政系统设行政法院受理行政案件，并设独立的宪法法院受理违宪案件。

纵观关于司法权的三种不同层面的观点，可谓是各有各的道理。对于司法权之核心本意或许本来就难以达成共识，因为如果从发生学的视角和发展的观点去理解这一概念，司法权必定有其产生之时的本意，但它又必定是随着社会发展的需要作出调整和发展的，至于单纯追求其核心本意究竟为何恐怕价值并不大，或许关注其在适应当时当世现实需要而具有的本意更有价值。因此，关注司法权中的审判权的价值本无可厚非，但如果仅仅把审判权视为司法权的全部，这样难免有失偏颇。因为从严格意义上来讲，司法权与审判权二者在意义和范围上并不完全等同。审判权是国家审判机关作为国家权力的代表依法对权益争议案件或非权益争议案件行使审理和裁判的权力，包括审理权和裁决权两个方面，其所突出的重点在于它仅单纯对某种事实的判断和裁定。而司法权则是针对发生的具体案件，通过查明具体的事实，能够判断是非曲直，进而制裁违法行为，并使制裁能够强制付诸实施，以达到保护合法权利和维护法律秩序之目的的全部权力的组合，其所强调的重点不仅仅是能够裁断案件事实，更多的是整个案件所引发的秩序与权利变动的恢复和平衡。具体到中国的法律实践，中国的司法机关包括人民法院和人民检察院，二者共同行使司法权。在中国宪法中虽然没有使用“司法机关”这一概念，但在“国家机构”这一章中设专门一节对人民法院和人民检察院作了规定，这表明根本大法赋予了这两个机构在国家权力机关、行政机关、军事机关之外以司法机关的相同属性。十五大报告中指出：推进司法改革，从制度上保障司法机关独立公正地行使审判权和检察权。这是我国关于司法权的官方观点。〔1〕2006年，中共中央在《关于进一步加强人民法院、人民检察院工作的决定》中明确地指出："人民法院和人民检察院是国家司法机关，是人民民主专政的国家机器的重要组成部分，肩负着贯彻依法治国基本方略的重要使命。"中共十五大、十六大、十七大也都将人民法院和人民检察院确定为司法机关，将审判权和检察权确定为司法权。十八大和十九大报告在强调依法治国，建设社会主义法治国家、法治政府和法治社会的重要论述中，依然突出司法改革的重要性，而其中的司法改革则特指法院系统与检察院系统的改革。由此可见，中国在政策层面对司法机关包括人民法院和人民检察院、司法权包括审判权和检察权的认识是明确而具体的，〔2〕这更多地体现了一种官方的代表意见。

由此可见，无论是司法还是司法权，从理论上而言都是难以达成一致意见的，不只是现存的学说，以后紧随时代发展而产生的新学说恐怕会更难以计数，更难以实现共识。然而，概念的难以统一恰恰是学术发展的必须，但这绝不是阻碍实践运行及研究的借口。而若要实现在众多理论存在的背景下研究司法运行的真正规律，研究的根本依据必然指向司法运行实践。即对于司法与司法权的理解，无论是广义层面，还是中义层面

〔1〕 赖梁盟、郝婧文："从司法改革角度解读司法权"，载《当代法学论坛》2009年第1期。

〔2〕 谭世贵："中国司法权的界定、调整与优化"，载《学习与探索》2012年第4期。

抑或是狭义层面，本书更多关注的是现实存在即实践。具体到我国的刑事司法实践的整个过程难以脱离与公安机关（国家安全机关与国家监察委员会〔1〕)、检察机关和法院三者之间的关系，因此，对于刑事司法决策机制的研究必然不可避免对三者地位及相互关系之探讨。

第二节　中国司法权分立背景下的公检法定位

我国的政治体制呈现出“一府两院一委”的体制架构，“一府”是指政府，“两院”是指法院与检察院，“一委”则是指监察委。“一府两院一委”都是在人民代表大会这一权力机关的领导和监督之下行使职权履行职责的。从权力分工方面来看，人民代表大会行使立法权，政府行使行政权，两院行使司法权，监察委则行使监察权。由此可见，我国的司法权与立法权、行政权、监察权是分立的四种权力，具有自身的独立性。具体到司法权的行使尤其是刑事司法运行过程中司法权的行使，则主要是由公安机关（特指刑事案件中的侦查职能）、检察机关（公诉职能）与法院（审判职能）共同行使的。三机关共同参与到刑事案件的侦控审程序当中，构成完整的刑事司法审判程序。

一、我国公安机关的刑事司法定位

《刑事诉讼法》第2条规定“中华人民共和国刑事诉讼法的任务，是保证准确、及时地查明犯罪事实，正确应用法律，惩罚犯罪分子，保障无罪的人不受刑事追究，教育公民自觉遵守法律，积极同犯罪行为作斗争，维护社会主义法制，尊重和保

---

〔1〕伴随着十九大以及十三届全国人大一中会议对监察委员会设立的宏观决策、宪法定位与实践安排，职务性犯罪以后自然与监察委员会密切相关，而这也使得监察委员会与整个刑事司法建立了直接关系。

障人权，保护公民的人身权利、财产权利、民主权利和其他权利，保障社会主义建设事业的顺利进行。”第 3 条规定：“对刑事案件的侦查、拘留、执行逮捕、预审，由公安机关负责。”由此可见，公安机关在整个刑事诉讼程序中主要承担着刑事侦查〔1〕的职责。刑事侦查是公诉案件诉讼程序的必经阶段，是揭露犯罪、打击犯罪不可或缺的重要手段。同犯罪进行斗争的成败，在很大程度上取决于是否善于进行侦查工作。〔2〕因为只有通过犯罪侦查，“才能查明案情、查获犯罪分子，对其追究刑事责任，并为人民检察院的起诉和人民法院的审判提供充分的材料和根据”〔3〕。可见，侦查权是国家权力体系的重要组成部分，更是同控诉权、审判权一起构成了国家刑事司法权的整体。侦查权在国家政权体系中和国家刑事司法活动中的重要地位充分反映在侦查职能在同犯罪现象作斗争过程中的极端重要性上。根据现有法律规定，侦查权的行使主体主要包括公安机关、检察机关和监察机关，而检察机关主要针对刑事自诉案件，监察机关主要针对职务性犯罪案件，除此之外的绝大多数案件都是由公安机关来承担侦查职能。因此，可以说公安机关是我国刑事诉讼程序中最主要的侦查机关，是整个刑事诉讼程序中非常重要的一环，是整个程序的起点。

公安机关在刑事侦查过程中所行使的主要职权就是侦查权，然而对于侦查权的理解却是仁者见仁、智者见智。《刑事侦查学》认为“侦查权是指依法收集证据、揭露和证实犯罪，查缉

---

〔1〕 侦查有广义与狭义之分。这里指广义层面，是指立案以后，到案件侦查终结，移送起诉或免于起诉，或作出起诉、免于起诉或不予起诉决定的全部活动，包括对案件的预审和对被告人采取强制措施在内。

〔2〕［苏联］H. N. 波鲁全夫：《预审中讯问的科学基础》，冯树梁译，群众出版社 1985 年版，第 1 页。

〔3〕 陈卫东等：《检察监督职能论》，群众出版社 1983 年版，第 122 页。

犯罪人，以及实施必要的强制性措施的权力”〔1〕。《刑事法学大辞书》认为：“侦查权是依照法律对刑事案件进行专门调查工作，以收集证据，查明犯罪事实和查获犯罪人以及采取强制措施的权力。”〔2〕侦查权是国家侦查机关和侦查人员，为实现侦查目的，依法定的侦查程序，运用特定的侦查手段开展侦查活动的权力。〔3〕《检察机关侦查权研究》认为：“侦查权是指侦查机关在刑事诉讼活动中，为了查明案情、收集证据，揭露犯罪和揭发犯罪人，享有依照法律进行的专门调查工作和有关的强制措施的权力。”〔4〕我国台湾地区学者陈朴生认为：“侦查权，本属公诉权作用之一种；唯二者各自独立并不互为终结。”〔5〕并指出：“依一般指趋向，侦查权宜归于警察，公诉权属于检察官，并为保障个人之自由，对于侦查权行使之方式，亦以法律加以限制……”〔6〕我国台湾地区学者刁荣华认为：“侦查权属于检察官、司法警官及司法警察，乃为实施侦查上之一切处分之权也，亦系公诉权作用之一种，受处分者应有服从之义务，故侦查机关行使侦查权有绝对性，不以刑罚权存在为必要，即知有犯罪嫌疑者，应实施侦查。”〔7〕《新编实用法律辞典》认为：“侦查权是侦查机关依法进行的专门调查工作和采取有关强制措施的权力。各国行使侦查权的机关各有不同，有的由警察机关行使，有的由检察官行使……”〔8〕《刑事侦查学导论》认为：“侦查权

〔1〕 杨殿升、张若羽、张玉镶：《刑事侦查学》，北京大学出版社1993年版，第14页。

〔2〕 杨春洗等：《刑事法学大辞书》，南京大学出版社1990年版，第645页。

〔3〕 郭晓彬：《刑事侦查学》，群众出版社2002年版，第52页。

〔4〕 杜树生：“检察机关侦查权研究”，西南政法大学1998年硕士学位论文。

〔5〕 陈朴生：《刑事诉讼法论》，正中书局1971年版，第142页。

〔6〕 陈朴生：《刑事诉讼法实务》，海天印刷有限公司1982年版，第262页。

〔7〕 刁荣华：《刑事诉讼法释论》（上册），汉苑出版社1978年版，第295页。

〔8〕 《新编实用法律辞典》，中国检察出版社1998年版，第445页。

是侦查机关的调查取证权，采取强制措施权、预审权，依法移送起诉权，以及为查获犯罪分子而必须采取的紧急措施、特殊措施权。”〔1〕而综合分析以上对于侦查权所作出的界定，主要从侦查权的性质、侦查权的行使主体、侦查权的独立特征等方面或视角作出的界定。而对于侦查权的性质、主体和特征理解的不同，所得的概念自然也会不同。因此如果要对侦查权有一个清晰的认知，有必要对其性质进行研究并分析其所依据的理论基础以及现实状态，最终实现对其准确定位。

（一）对于侦查权性质的认识

对于侦查权的性质认识，主要存在以下几种不同的观点。

第一种观点认为侦查权具有国家司法权的性质。之所以将侦查权视为具有司法权的性质，主要是因为司法之本意就是狭义层面上的法的适用，而狭义层面上的法的适用过程即诉讼过程。具体到刑事案件中法的适用自然是指刑事诉讼过程。而侦查活动是整个刑事诉讼过程中的起点阶段，没有侦查活动整个刑事诉讼程序便无从谈起。侦查活动是刑事诉讼程序不可或缺的阶段，其目的是为最终实现国家刑罚权的司法活动提供基础。因而，侦查活动是刑事司法活动的重要组成部分，而侦查职能也便具有了司法的性质。〔2〕因此，《中国检察百科词典》直接将侦查权界定为国家司法权的一部分，认为侦查权是指依照法律进行的专门调查工作和采用有关强制措施的权力。〔3〕该定义虽只是强调侦查活动所进行的工作及拥有的强制权力，但其暗含了侦查活动为整个刑事诉讼程序服务的本意。

---

〔1〕 公安部政治部编：《刑事侦查学导论》，警官教育出版社 1997 年版，第 207 页。

〔2〕 宫万路、杜水源：“论侦查权的概念”，载《江苏公安专科学院学报》2001 年第 1 期。

〔3〕 曾龙跃：《中国检察百科词典》，黑龙江人民出版社 1993 年版，第 60 页。

第二种观点认为侦查权具有行政权的属性，是一种行政权。之所以将侦查权视为一种行政权，首先，是因为从侦查机关（主要是警察）的一体化组织形式以及行为方式上看，侦查权并不具有司法权所具有的特征。[1]侦查权是整个刑事诉讼活动的起点，可以说是为整个诉讼程序做准备，其具有强烈的目的性；其次，侦查机关所实施的侦查活动并不是要等到有人举报才可进行，主动、有效、快速地进行侦查活动以求查清所有案件事实是其职责所在；再次，在侦查过程中侦查机关对犯罪嫌疑人所采取的剥夺、限制人身自由等强制措施以及对各种物品所施行的侦查行为都带有极大的强制性，当事人不具有反抗的权利，否则就会被认定为妨碍公务。同时这种具有强制性的处分只要基于侦查机关主观上认为有犯罪行为存在即可，并不具有类似司法权的终局性，最后只有接受法院的审查才能得出判断是否正确的结果，如果证明是错误的则必须给予当事者以刑事赔偿；最后，在紧急情况下，侦查机关可以对自身的侦查行为进行必要的处分，比如无证逮捕、无证搜查等，这些又都是侦查权对效率追求的体现。而无论是主动性、强制性、目的性还是对效率追求的特别强调，无疑都凸显了侦查权与行政权更相吻合。

第三种观点认为侦查权兼具司法权与行政权两种属性。因为侦查权可以视为司法机关和行政机关为实现自身职能的一种工具、手段。它既可以是司法权的一个组成部分，也可以是行政权的一个组成部分。[2]侦查权是整个刑事司法程序中的组成部分，具有司法程序的构成属性，因此具有司法权属性。同时，

---

〔1〕 陈瑞华："司法权的性质"，载《法学研究》2000年第5期。

〔2〕 吴孟栓："论侦查权与法律监督"，载孙谦、刘立宪主编：《检察论丛》（第2卷），法律出版社2001年版，第204~215页。

侦查权又更多地表现为一种强制权，包括对人的强制权和对物的强制权。并且在一系列的侦查活动中，对人的强制处分往往会直接导致对相对人的人身自由的侵犯、限制甚至剥夺；而对物的强制处分则又会对相对人的所有权造成侵害，其严厉程度甚至可以与刑事处罚相比。因而，侦查权又具有行政权属性。

通过对侦查权性质的考察与认识，可以肯定无论是坚持侦查权是具有司法权属性，还是坚持侦查权具有行政权属性，抑或是坚持认为其兼具两种属性，这些观点都是从侦查权自身行为活动的特征这一视角进行的划分。而要对中国刑事司法决策机制进行研究，必须从整个刑事司法程序构成这一视角审视侦查权之定位，从这一视角予以观察，公安机关在整个刑事司法程序过程中所行使之侦查权应归属于刑事司法权序列，即使存在某些特征无法直接适恰，但至少应该是司法权序列的组成部分。

（二）侦查权司法控制之理论基础

通过上文对于侦查权性质之考察，可以发现侦查权在整个刑事司法程序过程中属于起点阶段，对于整个程序的开展具有启动作用。同时，侦查权的行使往往伴随着强制行为，而这些强制行为往往又会对相对人的人身和财产造成直接侵害。而研究公安机关在整个司法权分立背景下的地位，即侦查权在整个刑事司法活动中的地位，既要对侦查权在整个刑事司法活动中的必要性和重要作用予以肯定，还要对侦查权的行使予以司法控制，以保证相对人的合法权益不受非法侵害。针对侦查权进行司法控制，主要基于以下几点考虑：

（1）保护被追诉人权利之现实需要。刑事诉讼活动的目的不仅限于追诉犯罪，还有保障人权。而要实现保障人权之目的，首先就是要对刑事诉讼程序中的被追诉人的权利予以保障，其实质就是对所有公民的权利进行保障，以符合人权保障的目的。因为任何人都是潜在的犯罪嫌疑人，都有可能因被怀疑而受到刑事追诉，但并非所有的被追诉人都是有罪的。并且基于无罪推定之要求，“只要还不能断定他已经侵犯了给予他公共保护的契约，社会就不能取消对他的公共保护”〔1〕。因此，对于侦查权的司法控制是保障被追诉人权利的现实需要。

（2）这是正当程序理论在刑事司法侦查程序中延伸的结果。搜查、扣押、窃听、逮捕等各种具有强制性的侦查行为直接涉及侵犯公民的各种权益，对于这些强制措施的决定权从性质上而言是一种司法裁判权，上述强制侦查措施一旦由法定机关裁定适用，就会有与其相适应的诉讼权利和诉讼义务。这些强制措施能否正确适用，不但会影响到对嫌疑人各种权利的保护，也会影响到诉讼目的能否公正地实现。因为，如果上述强制侦查措施的决定权完全由承担刑事案件侦查任务的公安机关所享有，不仅可能使该权力成为一种不受任何制约的权力，而且上述强制措施的决定权也会与公安机关所承担的诉讼职能存在矛盾。因为侦查权在刑事诉讼中行使的是侦查职能，而上述强制措施的裁断权则属于审判职能的范畴。而将这种决定权交由公安机关来行使必然会造成权力的混乱，在侦查程序中将出现控、审职能不分的可怕局面，并且这是不符合正当程序要求的。〔2〕正当程序理论要求“自己不能做自己的法官”，公安机关自然不能做自己行为的裁判者。侦查权行使过程中所采取的强制措施的决定权应当交由公安机关之外的机关才不违背正当程序之要求。

---

〔1〕［意］贝卡利亚：《论犯罪与刑罚》，黄风译，中国大百科全书出版社 1993 年版，第 40 页。

〔2〕陈卫东、李奋飞：“论侦查权的司法控制”，载《政法论坛（中国政法大学学报）》2000 年第 6 期。

（3）司法最终裁决原则在刑事诉讼中的具体体现。只有经过审判才能对被告人的实体性权利作出最终判决，但被告人之合法权益并非只是在审判阶段才可能会受到影响。即作为侦控方的公安机关与被告人之间的冲突并不会只是发生在案件的审判阶段，而其内容更不限于被告人是否有罪和应否负刑事责任。就一般情况而言，刑事案件在正式进入审判程序之前通常要经历复杂的审判前程序。而在这一程序中，公安机关和检察部门，即承担犯罪追诉职责的机关往往要对案件进行侦查活动，并收集相关犯罪证据进而查获犯罪嫌疑人。对于追诉职责，一方面，公安机关为快速、高效追诉犯罪，必然存在一种倾向就是使相关人员尽快转变为相对确定的犯罪嫌疑人；另一方面，被追诉人则不仅追求最后获得有利于自己的诉讼结果，同时也希望在整个诉讼的过程中受到公平、人道的待遇，[1]不希望在未经法院审判之前便承受来自侦控机关的任何不合法的侵权行为。

（三）侦查权之现实状态与定位

英国上议院大法官丹宁说："社会保护本身不受犯罪分子危害的手段一旦被滥用，任何暴政都要甘拜下风。"[2]我国《宪法》第37条至第40条虽然对可能遭受侦查权侵犯的公民基本权利如人身自由、人格尊严、住宅秘密、通讯自由和秘密等权利和自由规定了一些"禁止"性规范，但因为规定得过于笼统抽象，可操作性不强，不能完全实现对公民基本权利的充分、有效的保障，这也表明我国侦查权的宪法化程度并不高，即我国侦查权并没有明确的宪法定位。但我国《宪法》第140条却

---

〔1〕陈卫东、李奋飞："论侦查权的司法控制"，载《政法论坛（中国政法大学学报）》2000年第6期。

〔2〕［英］丹宁勋爵：《法律的正当程序》，李克强等译，法律出版社1999年版，第36页。

对公安机关与两院的关系处理原则予以明确，规定“人民法院、人民检察院和公安机关办理刑事案件，应当分工负责，互相配合，互相制约，以保证准确有效地执行法律”。而这种公检法三机关“分工负责，互相配合，互相制约”的关系使得我国刑事诉讼权力的配置表现出“工序化”设置，权力的运作呈现一种“流水作业”式的操作程序。何家弘教授曾经将公检法三机关或者侦查、起诉、审判之间的关系解释为“做饭、卖饭、吃饭”，形象地描述了我国司法行政机关在办理刑事案件过程中形成的“流水线”操作模式。[1]然而，这一传统的线性分工模式在新《刑事诉讼法》修订后也并没有完全完善。公安机关、法院和检察院依然在刑事诉讼流水线的各个线段上完成由自己负责的那一道工序，各自独立，各司其职。[2]但不得不承认，这种线型结构的权力配置更多强调的是国家公权力之间的互动，而公民个人权利则处于结构性缺席的状态，进而导致侦查权在实际运作过程中既缺乏有效的权力制衡又缺乏有效的权利制约，从而进一步削弱了侦查权的法治化与宪法化程度。正是基于以上权力建构的安排，对于侦查权的制衡与制约，我国现在实行的是一种以公安机关内部自律为主、法院和检察院外部他律为辅的刑事侦查监督体制，而这种体制无法对公安机关的刑事侦查行为发挥实效性的监督，以致因侦查权的错误行使而造成的刑事错案较多。

之所以出现以上情况，还与我国刑事诉讼法的理论与实践领域中存在种种错误的认识有关。综合分析对于侦查权的现有

---

〔1〕 何家弘：“公、检、法=做饭、卖法、吃饭?”，载《政府法制》2003 年第 2 期。

〔2〕 陈琛：“公安机关刑事侦查行为的可诉性研究”，载《学术界》2016 年第 11 期。

认识，这些错误主要包含以下几种。第一，根据美国学者赫伯特·帕克将刑事诉讼程序分为犯罪控制模式和正当程序模式的划分，我国刑事诉讼正在由犯罪控制模式向正当程序模式过渡，然而关于侦查权的规定却并未得到相应的调整，对于侦查权的理念也一直停留于犯罪控制模式之中，使其在整个刑事司法改革的过程中存在明显的滞后性。第二，公安机关对于治安管理权与侦查权的定位存在混淆。由于目前我国的侦查权仍处于一种被犯罪控制模式左右的状态，在侦查人员的刑事司法观念当中，很容易形成的一种错误印象便是治安管理权与侦查权两权“竞合”，进而将“侦查权在性质上是一种行政权”的理念应用到刑事司法活动之中，对刑事司法活动所要求的特殊性原则予以忽略。第三，将侦查权与犯罪嫌疑人权利视为对立的矛盾体。就刑事司法侦查活动的目的而言，其最终是为了查明犯罪事实并获取相关证据，而并非一定要将犯罪嫌疑人予以惩处，因为犯罪嫌疑人并非一定就是真正的罪犯，可见侦查权与犯罪嫌疑人权利行使的方向原本并非是“对立”的。只是在刑事司法侦查的实践过程中，可能由于侦查权的不当行使进而“侵犯”犯罪嫌疑人权利，而迫使侦查权与犯罪嫌疑人的权利形成一种“对立化”的局面。

冤假错案的发生既与现有权力建构体系存在问题有关系，又与现有的刑事侦查监督管理体制有直接关系。目前我国的刑事侦查监督面临着多种困境。首先，我国《宪法》对法院的定位只是审判机关，并未赋予其对刑事侦查行为的司法审查权。尽管审判机关可以对公安机关的侦查行为的合法性给出最终的裁判，但这处于整个刑事司法活动的最后阶段，对于造成的损害无法实现提前制约。其次，公安机关的自律式监督和检察院的外部检察监督仍然是审前阶段侦查监督的重点。自律式的监督本身就是一种存在固有弊端的方式，缺乏权利制约的自律监督容易出现问题。而外部检察监督则相对更有效，此种监督又要求机构设置与人员安排合理。最后，犯罪嫌疑人的程序性救济权利在现有体制内难以发挥实效。法律虽然赋予了犯罪嫌疑人众多的程序性救济权利，但这些程序的操控权往往又会掌握在公安机关手中，因此难以发挥应有的效力。除此之外，我国相关立法对犯罪嫌疑人存在程序性救济不彻底的问题，而这也是导致权利救济无法实现的重要原因之一。程序性救济权利因缺失程序保障也就变得难以保障。

以诉讼模式的转变为例，只有通过建立以审判为中心的诉讼式侦查监督模式，即赋予刑事侦查相对人对违法侦查行为提请行政诉讼的权利才能得以弥合。[1]《刑事诉讼法》应当明确赋予侦查权以中立性要求和查明案件事实的目标，为控辩双方尽可能提供可以证明事实的证据。侦查活动其本意是通过证明犯罪事实和确认犯罪嫌疑人进而对犯罪行为予以打击，而绝非是通过拘留、逮捕、搜查、讯问等侦查措施对犯罪嫌疑人进行“惩罚”。从刑事诉讼程序启动直至对案件进行宣判，犯罪嫌疑人、被告人都应该是以诉讼参与人的身份依法参与诉讼活动并享有合法权利的。相比于公诉方与被告方的对立诉讼立场，侦查机关所应当做的是坚持调查案件、证明犯罪事实、获取证据的中立性，只有如此才能为作出最终裁决的审判活动打下良好基础。

二、检察权性质之争与检察院的法律定位

检察院的法律定位问题一定要与检察权的性质问题结合来看，因为检察院的法律定位直接决定检察权的性质，而对检察

---

〔1〕 陈琛：“公安机关刑事侦查行为的可诉性研究”，载《学术界》2016年第11期。

权性质的理解又将反作用于法律对检察院的定位。对于检察权的性质的理解，无论是国外还是国内理论上的争论从未休止。司法权说与行政权说是对检察权单一性的划分和理解，而双重属性说则是对检察权性质的一种多元性理解，而法律监督权说同样是对检察权性质的单一性理解却更加强调独立性，认为其不再依附于任何一种权力而是独具自己的特性。当然，种种学说都各有合理之处，往往又都存在瑕疵，因为理论有争论本身就是因为未达成共识并可以从多重视角进行理解。但理论的争论不应该阻挡实践之步伐，所以在进行中国刑事司法决策机制研究之时，必然要对检察权之性质与检察院之法律定位予以明确，以便研究之顺利进行。

（一）检察权性质之争

检察权是近现代国家实现其社会管理及控制职能的重要手段之一。对于检察权性质问题的探索，有助于切实发挥检察权之功能，有助于探索构建符合我国国情的检察权制度。而关于检察权的权力定位及属性问题的争论，自从检察制度在近代欧洲大陆创始以来便一直存在，并伴随着人们对于检察官与检察制度在理解上的分歧而一直持续。关于检察权属性之争，主要发生在欧洲大陆法系的代表性国家德国，并且集中围绕着三种观点展开。第一，一般行政官说，该学说认为检察官与一般行政官的地位并无二致。因为检察机关所进行的追诉活动隶属于行政事项，而整个检察官的组织体系在职权方面也是上命下从；第二，等同司法官说，该学说主要从职务等同性的视角出发，认为检察官与法官在职务上存在雷同，并将检察官与法官同时纳入宪法上的第三权力机关，因为二者同时受宪法人身和事务两个方面独立性的保障；第三，双重属性说，认为检察机关是一种具有中介性质的司法官署，检察官则是居于法官与警察、行政权与司法权二者之间的纽带。检察官具有双重职责，既要追诉犯罪进而实现保护法律实施之目的，又要保证被告免于遭受法官恣意和警察滥权进而实现保护当事人合法权利之责任，从而担当起国家权力所赋予的双重控制的任务。检察官一方面要监督法官正确实施裁判，进而追求客观、正确的裁判结果，另一方面还要以司法的属性来对警察的侦查活动实现控制，以确保侦查追诉活动的合法性。为了恰当地说明这种双重性，史密特等学者提出"司法官署"或者"自主的刑事司法机关"来定位检察官。这种提法在学术界和实务界获得了广泛的认同，认为这是最能描述检察官属性的称谓。[1]上述关于检察权属性争论的三种观点各具其合理性，为正确认识检察权的属性提供了多种视角，也为如何定位检察权与检察机关提供了一个多维的思路。

这场关于检察权的性质之争在我国仍在持续，并不断呈现出更多的视角向人们揭示检察权的属性。属性即事物本身所具有之特征，而这些特征既可通过外在表现呈现又可通过内在运动呈现，但总是在一种对比中才得以归纳总结。与此同时，对同一事物的属性的认识会因为认识主体的不同、认识角度的不同而有所不同。

1. 行政权说

所谓行政权说，即主张检察权在本质上应归属于行政权。此种学说主要基于检察权的组织体系与领导体制两个因素的考察，认为检察权具有某些行政权的属性，因此属于行政权。行政权说认为："就检察权的性质而言，它实质上是行政权的一部分，因此检察权也不是司法权。因为检察权的性质与司法权的

〔1〕参见孙谦：《检察：理念、制度与改革》，法律出版社2004年版，第207~216页。

性质在众多方面差异巨大。第一，从主被动性来看，司法权更强调司法之被动性，而检察权则是一种主动性权力，检察权负有主动地行使侦查、控诉违法犯罪行为之职责；第二，从中立性视角来看，司法权要求司法审判之中立性做到客观公正，而检察权的行使是以国家名义而进行的，即站在国家立场上为惩罚犯罪、维护社会秩序而行使权力；第三，从执行性角度来看，司法权的行使更强调的是一种判断性，而检察权则更强调命令之执行性，并且司法权的行使不存在上下级之领导关系，而检察权的上下级之间往往更强调命令与服从关系；第四，从是否具有终极效力的角度来看，司法权具有终极性的特点，非经法定程序不得否定其结论，并且即使是否定结论的作出也必须由司法权来实施，而检察权则属于执行性权力，它最终的合法性需要接受司法权的裁判。”〔1〕由此可见，“检察机关的机构设置以及检察权的权力特征与国家司法权的内在属性呈现出一种完全背离的状态：司法权具有终结性、独立性、中立性、消极性和被动性、个别性、专属性，而检察机关的公诉权不具有终结性，检察一体化的管理体系是非司法性的，代表国家追诉犯罪不具有中立性。因此，检察权的权力特征与国家司法权并不存在内在的、必然的联系，而是与国家行政权的基本特征更吻合”〔2〕。

同时，行政权说认为检察权并不具有监督权的属性，之所以如此认为是因为检察机关的核心职能是公诉，而公诉权在本质上是国家追诉权，属于行政权，所以检察权的属性应该是行政权而非监督权。法律监督是一种单向、绝对的国家行为，其具有绝对的国家性、权威性、专门性和超然性等特征。而“检

〔1〕 徐显明：“司法改革二十题”，载《法学》1999 年第 9 期。

〔2〕 郝银钟：“检察权质疑”，载《中国人民大学学报》1999 年第 3 期。

察权中最主要的公诉权属于行政权中的侦控权，按照西方法治的原则，政府行为必须接受司法审查，作为行政权一部分的检察权，其具有可司法审查性”[1]。由此可见，公诉权与法律监督权是两种异质且不相容的权力。因此，检察机关不应该拥有法律监督职能，监督权也不应该成为检察权的组成部分。

行政权说将检察权纳入行政权范畴，使其与司法权和监督权完全独立与分离，尽管在理论分析上存在其合理性，但此种划归方式却与我国现实中检察权具有不可诉性的特点难以适恰。我国行政诉讼法以及行政诉讼法司法解释的实践是将检察行为排除在具体行政行为与行政赔偿范围之外的，与此同时《国家赔偿法》却将检察侵权行为划归在刑事司法赔偿范围之中。由此可见，我国的法律实践并未将检察权视为行政权之一种，因为检察权的不可诉性在我国实践中是显而易见的。而行政侵权行为的行政赔偿问题却必须经司法程序予以裁决，而检察权却并不具有行政权之可诉性的特征。因此，虽然理论上检察权与行政权之属性更为相近，但法律实践却显示很难将检察权简单地视为一种行政权。

2. 司法权说

司法权说认为检察权具有司法权的属性，因此，检察权应归属于司法权。因为，在中国法律实践中划分行政行为与司法行为最重要标准便是行为是否具有不可诉性，并通常认为行政行为具有可诉性而司法行为不具有可诉性。中国公安机关的侦查行为（包括讯问犯罪嫌疑人、询问证人和被害人、勘验、检查、搜查、扣押、鉴定，以及采取的拘传、取保候审、监视居住、拘留等强制措施）历来具有不可诉性（即相对人不得以上

---

〔1〕 李德海：“论司法独立”，载《法律科学》2001年第1期。

述行为侵犯自己的合法权益为由，向人民法院提起行政诉讼），因而侦查机关的这些行为被定性为刑事司法行为而非行政行为。而检察机关的侦查行为同样具有不可诉性，但就这一点而言与司法权的基本特征更吻合，因此据此认为检察权在性质上也应当属于刑事司法行为。除检察院所行使的侦查权之外，其行使的公诉权亦应属于司法权的性质。因为就整个刑事司法诉讼程序而言，公诉权的行使是审判权行使的前提，公诉权具有启动审判权的功能，公诉权成为审判权行使之必需，因而公诉权也具有司法权的属性。而且，在中国法律实践中凡提到刑事司法，无一例外地认为它应该包括侦查、起诉、审判等行为。正如陈光中教授指出的，“从诉讼一体化的角度看，侦查、起诉都是为审判做准备的，人为割裂三者只会让整个诉讼活动呈现一种非系统化”〔1〕，从而在实践中对整个刑事诉讼活动的进行造成严重影响。在他看来刑事诉讼中的侦查、起诉、审判都属于国家的司法活动。据此可以推知，司法权说认为检察机关行使的侦查权和公诉权均应当属于司法权的范畴。

司法权说在主张检察权具有司法权属性的同时，并不否认我国对于检察机关是法律监督机关的法律定位，也不否认检察权具有法律监督的属性。该学说认为检察监督职能具有明显的“法律守护人”的性质，因为在中国刑事司法实践中，中国检察机关作为专门法律监督机关，根据人民检察院组织法及有关诉讼法的规定具体行使职务犯罪侦查权、审查批准逮捕权、公诉权，对刑事侦查、审判、执行的监督权以及对民事审判、行政诉讼的法律监督权等职权。〔2〕将人民检察院定位为国家的法律

〔1〕 陈光中等：《中国司法制度的基础理论问题研究》，经济科学出版社 2010 年版，第 7 页。

〔2〕 陈国庆：《检察制度原理》，法律出版社 2009 年版，第 102 页。

监督机关由它代表国家来行使法律监督权，这恰恰体现了检察权之检察监督之属性。由此可见，司法权说将检察权视为同时具有司法权与检察监督两种属性的权力。既承认检察权中侦查职能与公诉职能的司法权属性，又认可检察权法律实践中的检查监督属性。此种学说主张更多地关注中国刑事司法实践，而对于权力固有属性的考察则存在一种选择性忽略的倾向。当然不能据此便否定此种学说的价值，可能的理解只能是学者的侧重点不同而已。但该学说至少提供了一种对于检察权性质理解的思路，即将检察权划分为侦查职能、公诉职能和监督职能三项职能，进而分别去评价其真正的属性。

3. 双重属性说

双重属性说认为检察权同时具有司法权与行政权两种属性，并将其称为“准司法权”或“特殊的行政权”。该学说认为，检察权具有司法权属性主要可以体现在以下两点：一是检察权的行使是以正确、合法适用法律为目的，通过侦查、公诉与监督职能共同保证法律的正确实施；二是检察权的行使同司法权一致，同样不允许其他任何机关团体和个人的干扰，能够做到独立判断与裁决。而认为检察权具有行政性属性，则主要体现在检察机关自身机构的设置与权力行使的上命下从的纵向关系上和追求检察行为本身是为惩罚犯罪的目的上。与此同时，如果将检察权归于司法权之范畴，则有利于实现对检察官独立身份与权力行使之独立性的加强，进而有助于防止来自行政方面的干预以贯彻法治原则。除此之外，也有助于其法律维护者地位之明确，进而防止其权力行使存在“当事人化”倾向，以确保检察活动能够做到客观公正。而如果将检察权确定为行政权之范畴，从检察系统内部而言则有利于贯彻“检察一体制”，进而提高检察工作的组织性、效率性；从检法关系而言可以防止因检察官的妄自尊大而破坏控辩平衡，以保障审判权的权威性。双重属性说之主张更多是从检察权行使之目的、价值与意义等层面分析而得出，其并未就检察权其固有属性特征以及中国司法实践给予过多关注，而是为检察权性质分析提供了另外的一种视角。可以说，检察权的双重属性说不再追求对检察权的单一定性，而是根据其具体职权内容及特性分别概括检察权行使之价值，如此便对检察权的定性问题提供了一种非单一的视角，更强调一种多维的视角。

4. 法律监督权说

法律监督权说基于我国法律对于检察机关是法律监督机关的定位，又由于检察机关的所有职能都具有法律监督的属性，因此主张检察权具有法律监督之属性。此种观点是基于对检察权在实践运行中所表现出的功能以及作用进行概括总结而得出。该学说认为，关于检察权究竟是司法权还是行政权这一争论本身，在很大程度上是基于西方“三权分立”的权力架构理念提出来的。然而，“我国的政权组织形式与西方‘三权分立’的国家结构形式存在巨大差异。一方面，不容置疑的是检察权具有浓厚的司法权色彩，然而检察权却并不具有司法权之本质特征，即中立性和终局性。另一方面，即使检察权与行政权在很多特征上都存在相似，但也难以将其直接视为一般意义上的行政权。例如，检察官在履行其检察职责的过程中并非完全的上命下从，同时更强调严格依法办事进而保持公正，因而检察权并非完全与行政权之行政体制要求的特征相同，而是具有双重属性。但具体到西方国家权力分类中，则不能认为这项权力既属于司法权又属于行政权，它只能归属于一种权力。而在我国人民代表大会统一行使国家权力的国家结构中，检察权则既不是一种行政权，也不是一种单纯的、狭义的司法权，而是一种具有独立存在价值的法律监督权”[1]。

而考察检察权产生与发展的历史便可知道检察权始终以“监督”为其本源之意与选择倾向。不论是在最早建立检察制度的英美法系的英国还是大陆法系的法国，乃至后来第一个社会主义国家苏联，其所谓的检察权都暗含一种“监督”之意。即使是在苏联解体之后，其检察制度也并未随着国家权力结构的变革而改变。[2]而且，伴随着检察制度的不断发展，法律监督的职权内容得以扩展并强化，变成国家权力结构与法律实施之必需。不论国家之间在国体和政体方面存在何种程度的不同，但为能够保障国家法律之统一实施，就必须对权力的行使和法律的运行实行必要的监督和制约。

而随着民主法治的不断演进，法律监督在宪制要求方面表现出不同的形式。近现代国家制度结构的实践表明，人民主权的要求使国家制度表现为分权制和授权制两种形式。分权制是以美国的“三权分立”制度最具典型，将国家权力划分为立法权、行政权与司法权。而授权制则是在人民主权的前提下，由权力机关将国家权力授予其他机关予以行使。我国采用的就是授权制形式，由全国人民代表大会将国家的权力分别授予政府、法院、检察院等机关。而如果说分权必然产生权力之间制约的话，那么授权自然就会派生出权力之间的监督。

尽管国家权力机关往往具有最高的监督权，但对于整个国家权力体系而言，仅有权力机关的监督往往是不够的。以我国的最高国家权力机关——全国人民代表大会为例，因其肩负的任务十分繁重，它对行政权、审判权等所进行的监督主要是通

---

〔1〕 张智辉：“论检察权的性质”，载《检察日报》2000年3月9日。

〔2〕 1995年生效的《俄罗斯联邦检察院组织法》开宗明义地在第1条赋予了检察机关“一般监督”的权力。

过主要负责人的人事任免、听取和审议政府工作报告以及就国家重大事项作出决定等方式间接进行的，而要实现对所有应该进行监督的主体和权力都毫无遗漏地进行全面而具体的日常监督则是不可能的，况且权力机关的监督也不宜直接介入或取代行政处罚程序和司法审查程序，而这则可能在不同程度上影响权力监督的实现。因此，最高国家权力机关为了保障国家权力能够高效并合法运行，依据宪法将监督职能授权其他部门予以行使则成为一种合理选择，而检察权所具有的法律监督职能便是这种授权的结果。就权力监督这个层面的要求而言，检察权实质上就是国家权力中监督职能的一种延伸与分离，而这种延伸与分离自然应当有自己的权力限域。首先，检察权就其本质而言是一种法律监督。但由于“法律监督”并没有一个法定的概念，因此对于法律监督的主体、对象、范围等各个方面都存在不同的认识。有一种观点认为，法律监督的主体应该是多元的，包括国家机关、政党协会、企事业单位、社会团体以及公民公众等均可以成为监督主体。而监督的对象则除法律实施行为外，还应该包括立法活动。另一种观点则认为，法律监督的实施主体仅限于检察机关，而监督的对象也仅限于法律实施行为，而不包括立法行为。这里的法律监督权与检察权变成了两个同等语义的概念，而它们所要解决的主要就是法律实施中有法不依、执法不严、违法不究的问题。其次，人民检察院是具有专门性的法律监督机关。这便将国家权力机关所进行的监督与检察权所实施的法律监督二者予以区别。依据我国《宪法》之规定，人大的监督是国家权力机关的监督，其监督的范围与检察权的监督范围相比要更具广泛性，而这一广泛性的集中体现便是《宪法》对其职权范畴之规定。而检察权只是一种专门的法律监督权而无法对国家监督权予以统揽，检察权是一种由国家权力机关授权并受权力机关领导和监督的权力，是一种在国家权力机关监督之下并对其负责的下位监督权。两种监督最大的区别在于，人大及其常委会主要是“监督宪法的实施”〔1〕，即人大的监督更多的是从宏观上、权源上进行的抽象层面的监督，而不是针对法律实施过程中的具体问题进行监督；而检察权作为国家专门的法律监督权，主要针对法律实施过程中的具体问题进行监督，而且这种监督通常不直接涉及国家的大政方针，并且不具有宏观决策层面的性质。最后，检察权是一项独立的并且是与行政权、审判权以及军事权等并列的国家权力。在我国整个国家权力结构之中，检察权作为一项最高国家权力之下且有别于立法权、行政权、审判权等权力的法律监督权，既不从属于行政权，也不从属于审判权，其负责的机关只有权力机关，并且检察权的行使是要求独立于行政权、审判权、社会团体和个人的。不仅限于此，检察权的实质要求就是要对行政机关之行政行为和审判机关之司法行为的合法性予以监督。

（二）对检察权性质把握的另一种视角

以上各种学说均以自身的视角对检察权的性质予以把握，并且存在较大的意见分歧。但如果仅以检察权是否具有法律监督的属性为标准，又可以将其综合划分为两种观点，即行政权说认为检察权不具有法律监督属性，而司法权说、双重属性说

---

〔1〕 有观点认为，人大及其常委会有“监督宪法和法律的实施”的职权，并以《宪法》为依据。（详见孙谦主编：《中国检察制度论纲》，人民出版社2004年版，第68页。）这种解释值得商榷。因为“监督宪法和法律的实施”的表述只在我国1978年的《宪法》第22条第3款全国人大的职权中存在过。即使是此前的1954年《宪法》第26条第3款也只是规定全国人大有“监督宪法的实施”的职权，在监督范畴上并无“法律”，在主体上也无“人大常委会”。而自1979年以来实施的我国现行《宪法》第62条第2款和第67条第1款规定，全国人大及其常委会均有“监督宪法的实施”的职权。虽然在监督主体上扩增了人大常委会，但在范畴上却仍限于宪法。

和法律监督权说均在不同程度上认可了检察权是具有法律监督属性的。而对检察权是否具有法律监督属性问题之所以有不同的认识，一个主要的原因是人们对检察权中检察监督与公诉职能关系问题的认识不同。行政权说正是因为主张检察监督与公诉职能两种职能不相容，所以才主张以公诉职能为核心的检察权不应该具有法律监督属性。而司法权说、双重属性说和法律监督属性说，均认为检察监督与公诉职能可以共存于检察权中，所以检察权才具有法律监督的属性。

从以上我国关于检察权的属性的争论情况来看，检察监督与公诉职能的关系问题应该成为我们从总体上分析检察权属性的一个基本的视角，从这一基本视角分析检察权，我们可以更科学地把握检察权的属性。其一，将检察权视为一种独立的新型国家权力无疑是对检察权属性认识的一个重大突破，即使检察权具有行政与司法的双重属性，但也不能据此便认为检察权可以直接归类于司法权或行政权。从权力的独立性层面而言，检察权的双重属性恰恰说明了检察权既与行政权存在不同，又与司法权存在不同，即使是对于最接近行政权的英美法系国家的检察权也很难直接将其归类于严格意义上的行政权，具体到司法权上同样如此，因此更应该将其视为一种新型的国家权力。并且从世界各国检察制度的产生和发展的趋势来看，这恰恰是国家权力分解与整合的结果。从检察权所具有的职能视角来看，检察权是一种具有多种职能的复合性权力，而检察监督与公诉职能只是检察权的两种最主要的职能，检察权职能的多样性决定了检察权的属性也必然是多重的和多维的。法律实践中检察官作为法律的守护人，一方面需要追诉犯罪，另一方面更需要保护被告免于法官恣意和检察滥权，这说明检察权既具有追诉犯罪的属性，又具有以权力控制权力的属性，从而担当国家权力双重控制的任务。

其二，作为一种新型的国家权力的检察权，从直观上看，检察监督与公诉职能是检察权最主要的两项职能。检察监督直接实现对法律实施的监督无疑具有权力控制之属性，而公诉作为一种诉讼活动所具有的无疑是一种诉讼的属性。基于此，如要对检察权之性质进行更深层次的把握，需要进一步思考的问题是：检察监督除了具有控权性，是否还具有诉讼性，而公诉职能除了具有诉讼性之外，是否还同时具有控权性？而这便需要对检察监督和公诉两项职能作更加深入、全面的分析。从权力控制的角度而言，公诉职能不仅仅是一种诉讼职能，同时还具有一种权力制约的属性。因为从现代公诉制度之产生历史来看，公诉权从控、审合一的审判权中分离出来其本身就是司法内部分权制约的一种体现，其发挥着重要的制约功能从而具有权力制约的属性。从法律诉讼的角度而言，检察权中的检察监督的诉讼性也使其不同于其他的权力监督。因为检察监督职能的履行过程都是在诉讼中进行和以诉讼方式进行的，属于广义的诉讼行为。从检察监督与公诉职能关系入手，以权力控制和法律诉讼为视角，我们可以初步得出这样的结论：检察权具有权力控制和诉讼的双重属性，与检察权的行政和司法双重属性相对应，可以说这是检察权的又一双重属性。而检察权的双重属性既展现了其独立性的地位，又为检察权与审判权、行政权之间的协调提供了可能，同时还为检察机关的法律定位提供了一种最大的可接受性。

（三）检察院之实际地位

我国《宪法》第129条和《人民检察院组织法》第1条均规定：“中华人民共和国人民检察院是国家的法律监督机关。”针对《宪法》与《人民检察院组织法》的这一规定，从浅层方面上可作以下两个方面的解读。第一，人民检察院是“国家”的法律监督机关。人民检察院是代表国家来行使权力的，以国家的名义对法律的实施和遵守进行监督。既表明了检察院应该是与法院具有同等地位的国家机关，又表明了检察权与审判权是两种具有同等地位的国家权力。它表明了人民检察院是专司法律监督职能的国家机关。这就为检察机关的监督划定了一定的范围，说明其并非要求面面俱到、事事监督。第二，人民检察院是国家的“法律监督机关”。人民检察院的监督是法律意义上的监督，而非所有问题的监督，它的监督是针对具体案件的监督，而不是间接、宏观与抽象的监督。

从深层方面理解这一规定，其既表明了对检察院的法律定位，也是对检察职权进行配置的根据。检察院的法律定位自然不同于检察职权的配置，但二者之间却存在着内在的联系，尽管检察院法律监督的任务最终必然要通过检察职权的配置得以实现，但检察院的法律定位对于检察职权的配置具有基础性和决定性的作用。检察院的法律定位与检察权的职权配置是内容与形式的关系。从产生顺序而言，检察院的法律定位在先，检察职权的配置在后，检察院的法律定位是检察职权配置的前提；从法律位阶和效力而言，法律定位高于职权配置，并且能够决定检察职权的配置，因为检察职权只是检察院所行使之权力的外在表现形式，而法律定位直接决定了检察院所行使之权力本身。因此，在检察院的法律定位与检察权职权配置这个问题上，一方面，要求法律对于检察院的法律定位必须准确，以避免因法律定位不准而造成检察职权以偏概全、相互交叉或者重复等问题；另一方面，职权的配置应与法律的定位相适应，尽可能全面、准确地反映法律定位之本意，防止造成职权配置的缺失、不到位甚至越位。只有检察院的法律定位与职权配置相适应，才能使其整体作用得以最大限度地发挥。与此同时，在检察权职权的配置过程中，考虑法律对检察院的定位固然重要，但检察权的性质也是不容忽视的重要因素。如果性质不同，职权配置必然就会有所差异，因此对于检察权的定性将直接影响到检察职权的法律运作，进而可能影响到整个检察院的法律地位。

人民代表大会制度是我国的根本政治制度，无论是法院还是检察院均是由人民代表大会产生并对其负责，而在该政治制度下也产生了“一府两院”的政治架构，同时也形成了司法权“一元分立”的体制架构。在我国“一元分立”的宪制体制之下，司法机关主要就是指人民法院和人民检察院。这由我国目前法律规定也可以看出，从法律规定实践而言，我国现行宪法虽然在“国家机构”一章中没有使用“司法机关”的称谓，但在结构上是将人民法院和人民检察院规定在同一节中。我国《宪法》第8节的标题直接为“人民法院和人民检察院”，其中第128条规定：“中华人民共和国人民法院是国家的审判机关”；第134条规定：“中华人民共和国人民检察院是国家的法律监督机关。”可见，我国《宪法》将司法权赋予法院和检察院。就目前司法实践而言，检察权行使的主要职能在于依法提起公诉、查明法律所规定的由其侦查的某些犯罪案件事实、对法院审判活动之合法性予以监督，即通常而言的公诉职能、侦查职能以及法律监督三项职能。正如有学者所言：“根据《宪法》和《人民检察院组织法》的规定，我国的检察机关是法律的监督机关，其履行侦查、控诉以及诉讼监督的职能，这与西方任何国家的检察职能都是存在差异的。在我国，检察机关作为一个独立的完整的机构体系，其权力来源主要是《宪法》以及权力机关的授权；检察机关与审判机关、行政机关三者之间的地位都各自独立；检察机关与审判机关在设置上是一种平行关系，二者都属于我国的司法机关，检察官的地位和职责与行政官员相比则更近似于法官，所以检察官也应归类于司法官员。”〔1〕由此可推知，我国司法权概念应当包括检察权。司法权包括审判权和检察权，司法活动包括诉讼活动和诉讼监督活动以及相关的非诉讼活动，从而形成了中国特色社会主义司法的特定内涵。党中央的重要文件根据《宪法》规定的精神也一再明确这一基本观点，将人民法院和人民检察院定位于司法机关，从而构成审检并列的“二元”司法架构模式。

三、我国法院司法权的宪法定位

法院是司法权的象征，任何案件只有经过法院的审理才会具有最终的司法效力。因此，对于法院司法权之定位必然关系到国家整个刑事司法体制的安排，更会影响到刑事司法决策机制的运行。在我国，法院是国家审判机关，代表国家行使审判权，这种定位在我国历部宪法中均有体现。

（一）1954 年《宪法》对法院司法权的定位

新中国成立后的第一部宪法 1954 年《宪法》对我国人民代表大会制度下的“一府两院”体制予以确认，“一府两院”均由同级人民代表大会产生并对其负责。《宪法》第 80 条规定：“各级人民法院由同级人民代表大会产生，受同级人民代表大会监督，对同级人民代表大会负责并报告工作。”宪法对行政机关也给出了类似的规定。由此可见，人民法院与权力机关的关系和行政机关与权力机关的关系完全相同，它们均由同级人大产生并向同级人民代表大会负责并报告工作。1954 年《宪法》还

〔1〕陈光中、徐静村主编：《刑事诉讼法学》，中国政法大学出版社 1999 年版，第 61 页；周士敏：“论我国检查制度的法律定位”，载《人民检察》1999 年第 1 期。

对法院的地位给出这样的规定："人民法院独立进行审判，只服从法律。"单从宪法对政府体制的安排及规定"法院只服从法律"的字面意思来看，人民法院与行政机关是两类性质不同的国家机关，二者在具体职能和权力行使方式方面都存在差别，并且双方各自分立、互不隶属。1954年《宪法》虽然没有对西方国家的"司法独立"原则直接照搬，但宪法却根据具体国情确立了我国的司法独立原则，即在机构设置方面我国法院是完全独立于行政机关的，或者说至少在形式上法院是不隶属于行政机关的。这种宪法定位即使是在法律虚无主义盛行的"文革"时期，也仍然未变。同样1975年制定的《宪法》对法院和行政的关系的规定方面并没有发生实质性的变化，法院与行政机关依然是相互并列的国家机关。1975年《宪法》虽然对1954年《宪法》规定的"人民法院依据法律独立审判"的原则予以取消，但在第25条中仍然规定"各级人民法院对本级人民代表大会和它的常设机关负责并报告工作"。结合《宪法》第二章对国务院及地方人民政府委员会的相关规定，仍然可以推出行政机关并不领导法院，法院也不从属于行政机关的结论。直到1978年的《宪法》，在法院与行政机关关系方面的规定也并没有发生原则性的变化。姑且不论1975年与1978年两部《宪法》的指导原则为何，仅就宪法对法院与行政二者关系的规定而言，可以得出如下的结论：法院与行政机关在地位上是同等的，在机构设置上是分立的，二者均对人民代表大会及其常委会负责并报告工作。法院无需对行政机关负责，也不必向行政机关进行报告工作。从宪法规范的角度予以分析，至少宪法并不认为法院低于行政机关甚至从属于行政机关。

（二）1982年《宪法》对法院司法权的定位

1982年《宪法》尽管对1954年《宪法》所规定的人民法

院向同级国家权力机关报告工作的规定予以取消，但在行政和法院二者关系的规定上仍然遵循了1954年《宪法》的原则。行政机关与人民法院均由同级人大产生并对其负责。人民代表大会制度作为我国的根本政治制度，其基本理念就是民主和集中的恰当结合，并具体表现为：由人民选举代表，再由代表组成人民代表大会，国家权力集中掌握在人民代表大会手中，并由全国人民代表大会行使最高的立法权；而行政权和司法权，则交由“一府两院”来行使，他们都由人大按照法定程序产生并各自对人大负行政或者司法的责任。“一府两院”在地位上同样是并列平行的，而在职能上也是各自独立的。《宪法》第3条对这种关系也有非常明确的阐释：“国家行政机关、监察机关、审判机关、检察机关都由人民代表大会产生，对它负责，受它监督。”从我国宪法规范的应然层面看，司法（法院）和行政同出一源，各司其职、职能独立，完全是一种平行的规范安排，司法权并不低于或者从属于行政权。结合1982年《宪法》第126条所规定的“人民法院依照法律规定独立行使审判权，不受行政机关、社会团体和个人的干涉”，则更能说明人民法院的司法权与行政权之间是一种并列而非从属关系的事实，因为这里的“法律”是指狭义层面上的法律，仅限于全国人民代表大会及常务委员会根据宪法制定的规范性文件。法院依据法律行使裁判权，就意味着法律对人民法院具有绝对的约束力，而行政机关所制定的规范性文件则对人民法院不具有绝对效力。行政机关所制定的行政法规、规章等规范性文件只有符合法律，人民法院才会予以适用，如果行政机关所制定的行政法规、规章与法律相违背，则法院便不予适用。因为人民法院只对人大负责，而不对行政权负责。

1982年《宪法》第123条规定：“中华人民共和国人民法

院是国家的审判机关。”其直接给出法院的明确定位，即国家的审判机关。这一规定至少包含以下两个方面的含义。第一，人民法院是“国家”的审判机关。它表明人民法院行使审判权时代表的是国家，是以国家的名义对各类纠纷进行裁决。同时，由于我国采用的是一种单一制的国家结构形式，不会有联邦法院与地方法院之别。人民法院即国家的法院，所行使的权力即代表着国家的意志，而绝非任何地方、任何团体或任何个人的意志。第二，人民法院是国家的“审判机关”。人民法院是专司审判职能的国家机关，是行使审判权的国家机关。这既表明了人民法院在国家权力配置中职能的专门性，也显示了人民法院行使权力的方式。人民法院是通过审判活动而不是通过其他方式，以求解决纠纷、保障人权、维护国家法制统一的机关。

人民法院的定位即国家的审判机关，它代表国家行使审判权，负责对刑事、民事和行政各类案件的审判工作。根据《人民法院组织法》以及三大诉讼法的相关规定，人民法院主要拥有三个方面的权力：其一，审判权，即有权对刑事、民事和行政各类案件依法进行审理并作出相关判决；其二，调解权，即有权对民事案件和刑事自诉等法律规定可以进行调解的案件进行调解，经调解达成协议的，需依法制作调解书；其三，执行权，即有权依法作出死刑判决、无罪判决、刑事附带民事判决及执行和民事判决、行政判决的执行。因为调解与审判是两种不同的具体诉讼活动，也是两种不同的结案方式，因而不应将调解权直接归入审判权；而法院对判决的执行同审判活动也存在明显不同，同样不应将其直接归入审判权。据此可以认为，完整的司法权不应仅限于审判权，而应当包括审判权、调解权和执行权。

对于审判权和调解权同属于司法权这种观点，无论是在理论上还是在实践中可以说已经达成共识，但对于执行权（特别是民事执行权）性质的认识却是仁者见仁，智者见智。在我国，关于执行权的性质存在司法权说、行政权说和独立权说三种不同的观点。[1]但相比较而言，将执行权定位为司法权仍属主流观点。现代国家的司法制度，在民事程序方面往往会包括审判程序与强制程序两种。对于私权益之间的纠纷，如果不能通过当事人自我协商等方法予以解决，那么诉请法院通过审判的方式予以强制解决则成为最后手段。如果经过审判私权之纠纷得以解决，但债务人仍不履行自己的义务，那么只有诉请法院采取强制手段迫使其履行，否则债权人之权利将无法得以实现和保障。从这个意义上来讲，执行权更多地被视为审判权的一种保障措施。而如果互换角度来看，从司法权设置之最终目的恢复和平衡受损利益来看，也可以将审判权的行使视为取得执行依据的一种手段。如果单纯考虑纠纷的最终解决，当事人更愿意不经过复杂的审判程序而能够直接申请执行，但由于审判程序确定执行依据的过程是如此的重要，缺失审判程序的执行将不具有合法性。因此，审判才成为现代司法制度的核心，也致使当事人和国家不得不对其投入大量的精力和财力，从而使执行也成了审判的当然的、不可或缺的附属物。

“总而言之，司法行为绝不可以到了给当事人‘一个说法’的阶段就终止，它必然应当包括审判行为和执行行为两个部分。”[2]而且，从历史发展的角度来看，司法权自产生以来便经历了从审判到审判和检察的分立，再到审判、检察和执行分

〔1〕童兆洪：《民事执行权研究》，法律出版社2004年版，第49~57页。

〔2〕江伟、赵秀举：“论执行行为的性质与执行机构的设置”，载陈光中：《依法治国，司法公正——诉讼法理论与实践：1999年卷》，上海社会科学院出版社2000年版，第534页。

立的不断扩展的过程，呈现出一种开放性、包容性的发展趋向。正如童兆洪博士所指出的那样：“只要某种国家权力制度的设置，其职能是为了社会秩序的矫正或服务于该职能，并具有司法权所独特的不可诉性，那么，无论这种矫正社会秩序的国家权力如检察权与审判权在表面特征上有何种差异，其实质上仍具有司法权的功能，可纳入司法权。”[1]由此，法院的司法权理应将执行权包括在内，亦即法院执行权是具有显著司法权属性的。但最后需要明确的是，根据马克思主义唯物辩证法的观点，事物的性质是由矛盾的主要方面决定的。虽然人民法院拥有审判权、调解权和执行权三种权力，但审判是其最基本的职能，审判权是其最主要的一种权力。因此，宪法和法律将人民法院确定为国家的审判机关也是对此恰当的回应。

司法以及司法权的独立是历史发展的必然趋势，也是先进理念与各国历史相结合的产物。具体到中国，司法独立是一个漫长的历史过程，但又是一种法治文明建设的必然要求。而要把握中国的司法独立，必须是建立在一种司法权分立背景下对于侦查机关、检察机关和审判机关准确定位的基础之上。侦查机关是整个刑事司法决策运行的启动阶段，检察机关作为刑事审判的控诉机关，而法院作为最后的审判机关。三机关所行使的侦查权、检察权和审判权，虽然对其性质均有争议，但经过分析，在整个刑事司法决策运行的过程中三权均包含一种司法性的体现。因此，本书对三权之把握均存在一种司法性的选择倾向，以使其与三机关所形成的完整的刑事司法决策模式相适恰。

---

〔1〕 童兆洪：《民事执行权研究》，法律出版社2004年版，第62页。

第二章

中西方司法架构模式

“模式”是理论的一种简化形式，是对现实事件内在机制和事件之间关系的直观、简洁的描述，它向人们表明事物结构或过程的主要组成部分及其相互关系。“模式”说明事物之间隐藏的规律关系（既有形式上的规律，也有实质上的规律），是人类积累的解决问题的经验的抽象与升华，也是经年历久后形成的一种研究范式。刑事司法模式就是我们对刑事司法的运行状态进行归纳总结进而形成的研究范式。刑事司法模式包含刑事司法架构模式与刑事司法决策模式。刑事司法架构模式是刑事司法模式的静态体现，而刑事司法决策模式则是刑事司法模式的动态表露。刑事司法架构模式为刑事司法决策模式提供存在和运行的支架性前提，因此，在研究刑事司法决策模式之前，必须实现对刑事司法架构模式的深入把握。

第一节　西方一元司法架构模式

西方启蒙思想家的人民主权学说和三权分立理论对司法独立于君权和行政具有重要的理论奠基作用。近代西方大多数国家的宪法也多以此为基础，进而确立了司法权与立法权、行政权分立制衡的权力结构模式。因此，现代西方国家的权力一般多由立法权、行政权和司法权构成。简单而言，立法权就是制定法律的权力，行政权就是执行法律管理社会的权力，司法权就是适用法律的权力。而这些权力的承载方式、配置方式和运行方式，共同构成了各个国家的立法、行政和司法格局。在西方“三权分立”理论的语境下，“司法大体上等于诉讼”，[1]司法一般指法院运用法律对案件进行审判的诉讼活动，而参与诉讼的侦查、检察机构或归属行政机关或归属法院，司法活动以审判为中心。因此，司法机关仅指审判机关，其司法架构模式则是以不同层级和不同类型的法院为架构的一元司法架构模式。

一、西方一元司法架构模式的基本特点

西方各国的司法架构除了体现三权分立的理论原则之外，又充分体现和反映了各国的具体国情并各具特色，这是一元司法架构的基本特点。英美法系国家的司法机关通常并不把检察机关包含其中。英国的司法架构由英王、上议院和法院三者组成。英国是最早确立三权分立制度的国家，并且孟德斯鸠关于三权分立的经典论述恰恰正是针对英国的制度进行考察之后而产生的。英国政体是一种君主立宪制并奉行“议会至上”的原则，因此在宪政上英国的司法权是由英王、上议院和法院三者共同享有：英王是司法首领，是一种司法正义的象征；而上议院兼具立法机关和司法机关的双重属性，是英国的最高上诉法院，并且领导英国本土的各级法院；而最高法院则是由高等法院和上诉法院组成，主要受理各种普通民事、刑事的一审和上诉案件，地方法院则主要受理并审判普通的民事、刑事一审案件，行政裁判所受理并审判的行政案件。

---

〔1〕 参见陈光中、崔洁：“司法、司法机关的中国式解读”，载《中国法学》2007 年第 2 期。

美国的司法架构是由最高法院以及国会随时规定和设立的低级法院组成。美国是最典型的三权分立制的国家，孟德斯鸠的三权分立理论经过以汉密尔顿为代表的联邦党人的进一步发展之后，彻底、全面地贯穿于美国宪法之中。司法权在美国的权力体系中既体现出了分权的一面，又体现出了制衡的一面。《美国宪法》第3条规定："合众国的司法权，属于最高法院以及国会随时规定和设立的低级法院。"而根据这一规定，美国的联邦司法权则由联邦最高法院和联邦下级法院行使，而其他任何机关不能行使司法权。这便体现了美国宪法中分权的一面。而美国司法权在美国整个权力体系中的地位更具特色的是，司法权与其他两权存在相互制衡的一面。立法机关即国会，通过批准和否决法官的人事、对联邦法院法官进行弹劾等来制约司法，司法则通过宪法解释和司法审查权来制约立法。

大陆法系国家一般视检察机关为司法机关。法国的司法架构为审判双轨制。即普通法院与行政法院并存，它们互不隶属，各自行使自己的司法管辖权。[1]法国是人民主权思想和三权分立理论的发源地。1789年《人权宣言》的基本内容即是阐述资产阶级的人民主权和三权分立的国家学说，进而抨击封建专制统治。1791年《法国宪法》确立了三权分立的君主立宪政体，体现了孟德斯鸠的三权分立和君主立宪政体。法国的政治法律制度虽然在法国大革命之后，经历了一段漫长而又复杂的历程，但其司法体系却并未发生重大的变化。法国实行的是审、检合署制，检察院设置在各级法院组织的内部。检察官虽然需要经过司法部长的任命，但依然被认为是"站着的法官"，并属于司

---

〔1〕 参见肖扬：《当代司法体制》，中国政法大学出版社1998年版，第130页。

法人员系列。[1]根据《法国宪法》第64条之规定和其他相关法律之规定，法国最高司法委员会会议[2]协助总统保证司法独立，所以法国名义上的司法领袖应该是总统。在法国，行政法院的独立性同样得到了保证，通过行政法院对行政行为进行审查来制约行政权的行使。[3]"司法权的独立性得到了保障，各种司法权职能的各自特性也到了保障，立法机关和政府都不能侵犯这些职能；同样，立法机关和政府都不能审查司法机关的决定（裁决），不能对它们发号施令，更不能代为裁决诉讼。"[4]

德国的司法架构与法国相比，既有相类似的地方，也存在不同之处。与法国相似的是，德国采取的也是一种双轨式的司法模式。首先，司法权是由普通法院和行政法院所共同享有的，除此之外，还有劳工法院、财政法院等也部分享有司法权；其次，"检察机关是既不属于行政体系，亦不属于第三种权力的体系，而为介于二者之间的独立的司法机构"[5]。与法国不同的是，德国设立了联邦宪法法院专门进行违宪审查和宪法解释。

---

〔1〕 杨蓉、高峻记录整理："国际司法对话：法国司法制度和检法及检警关系"，载《中国检察官》2008年第1期。

〔2〕 法国最高司法会议是按照《法国宪法》第64条规定成立的，由总统担任主席，司法部长为副主席，由9名委员构成，主要职责有：①总统根据其建议任命最高法院法官和上诉法院的首席法官；②对特赦向总统提出意见；③作为法官纪律委员会监督各级法院遵守法律，对法官进行惩戒。

〔3〕 参见韩大元主编：《外国宪法》（第2版），中国人民大学出版社2005年版，第81页。

〔4〕 不同于美国的是，法国的司法权不包括违宪审查之权力，对立法制约几乎不存在。在法国，违宪审查权并不属于司法机关，而是归属于专门成立的宪法委员会。尽管法国的很多学者认为，宪法委员会具有司法审判权，是一种具有司法性质的司法机关，但是根据《法国宪法》，宪法委员会是法国的第四大机构，在宪法文本中排在共和国总统、政府、议会之后，位列司法机关之前。

〔5〕 ［德］克劳斯罗科信：《刑事诉讼法》，吴丽琪译，法律出版社2003年版，第66页。

德国的联邦宪法法院具有双重属性，既是一个政治机构，又是一个司法机关。作为政治机构，联邦宪法法院可以监督司法机关、行政机关和立法机关，同时还能处理国家机构之间的一些宪法性争议；而作为司法机关，联邦宪法法院又是德国范围内最高的司法机构，可以进行违宪审查和宪法解释。在德国，联邦和州法院的法官是由司法部提名，并由法官选举委员会选举产生的。如果是联邦法官，则由联邦总统任命，如果是州法官，则各州的任命方式不尽统一。而 16 名联邦宪法法院的法官，半数由联邦议院、半数由联邦参议院选举产生。总而言之，各国各具特色的司法定位均反映了其特殊的国情，并且都是在长期的历史发展过程中逐渐形成和予以完善的，都体现了一种历史传统和现实需要的结合。

二、西方一元司法架构模式的理论依据

（一）三权分立学说

西方宪法中所确立的最核心的原则便是三权分立的原则，而三权分立原则的源头可以追溯到古希腊亚里士多德提出的政体三要素说（议事、行政、审判）。在此之后，波里比阿发展了亚里士多德的这一思想并提出了权力制衡的观点。政体三要素和权力制衡的观点共同为后来的“三权分立”学说奠定了理论基础。到 16、17 世纪李尔本率先主张分权，强调了新兴资产阶级同地主、大贵族和大资产阶级的分权。当然这同近代意义上的分权并不能完全等同，但它为之后的分权学说提供了条件。现代意义上的分权学说应该是由英国的大思想家约翰·洛克在前人观点的基础上提出的。洛克认为政府的权力是由立法、行政和外交三种权力组成的。然而通说认为，三权分立真正的创立者是法国的思想家孟德斯鸠，他在其著作《论法的精神》中

提出了完整的近现代意义上的三权分立学说。

孟德斯鸠的三权分立学说与洛克的分权思想相比有了很大程度的发展，并且这一学说充分显示了其历史进步意义。该学说不仅强调三权分立，还明确和强调了司法独立原则。而在洛克的思想中，“司法独立”的概念本身就具有模糊性，并且在英国的实践中，因为资产阶级革命的不彻底性也导致了“司法独立”是不彻底的。洛克认为司法权是执行权之一，依据他的主张和英国的实践，虽然司法机关对行政机关是相对独立的，国王不能控制法院，但高等法院必须执行议会的决议，受议会的监督，并且贵族院本身同时又是最高裁判机关，而这实际上表明权力并没有分立而仍是一种“权力的混合”。孟德斯鸠的三权分立学说则相对明确、彻底的多。“在孟德斯鸠关于政府职能的相关论述中，最重要的方面是他完成了从‘执行权’的旧用法向一种新的‘裁判权’的转变；裁判权不同于以往的实施法律，它现在成了一种新的执行职能。”〔1〕而这一新的执行职能恰恰就是我们现代所说的司法权。并且他进一步认为立法、行政和司法三权的性质是截然不同的，司法权——惩罚犯罪和裁决私人讼争的权力（指审判权），应该具有完全意义上的独立，应专门由法院和陪审官予以行使，而不受立法机关和行政机关的干涉。孟德斯鸠指出：“当立法权和执行权集中在同一人手中或同一管理机构手中时，那里就不再有自由了……同样，如果司法权不是与立法权和执行权分立，那里同样也没有自由。如果立法权和司法权合并，臣民的生命和自由就暴露于专断的控制之下；因为那时法官就是立法者。如果执行权和司法权合并，法官也许会用暴力和压迫来行为。如果同一人或同一机构，无论是贵

〔1〕［英］维尔：《宪政与分权》，苏力译，三联书店1997年版，第81页。

族的还是平民的机构来行使这三种权力，即颁布法律的权力、执行公众决定的权力和审判个人案件的权力，那一切都完了。”〔1〕司法独立是三权分立的重要支柱，司法独立意味着必须结束封建的司法专横的局面，意味着资产阶级要从封建统治阶级那里分得更多的权力，使资产阶级的政治经济利益具有更多一层的保障。至此孟德斯鸠已提出了现代意义上政府职能的三重划分：立法就是制定法律；执行就是将法律付诸实践；司法就是宣布解决纠纷的法律是什么。他还确立了政府有立法、执法、司法三个部门，至此他提出了纯粹分权意义上的三权分立学说。该学说对资产阶级各国的司法制度，产生了极其深远的影响。后来它差不多载入了所有西方资产阶级国家的宪法，为世界大多数国家所采用。〔2〕

（二）分权制衡理念

孟德斯鸠的思想贡献并不仅仅是提出了三权分立，他又进一步提出了立法权与执法权之间的制约与平衡的概念。在他之前的部分理论当中已存在一些消极制约权力行使的概念，但这种概念的提出是以存在对立的、职能不同的机构为前提条件的。而他提出了积极的权力制约的主张：把控制各部门的权力授予这些部门之外的其他部门之中。在这里孟德斯鸠认为法院只是法律的代言人，它代表的是每个人，但同时又不代表任何个人机构和国家的任何社会力量；它不被视为一种制约性的权力体现，当然也不必对它实行制约。而对立法权和执行权则有不同的要求，孟德斯鸠认为这两个机构之间应该是一种相互制约的关系，但这种制约却也应该是有限的而不是一种无限制的制约，

〔1〕［英］维尔：《宪政与分权》，苏力译，三联书店1997年版，第15页。

〔2〕参见赵震江：《分权制度和分权理论》，四川人民出版社1988年版，第60页。

因为无限的否决权无异于是一个机关对另一个机关的专断。因此作为享有执行权的执行官应当通过否决立法的方式而分享立法权，但却不可以拥有主动制定法律的权力。同样，立法部门则不应该拥有阻止执行部门执行的权力，但它应该拥有监督执法部门法律实施方式的权力。这样便可以减少任何一个机构专断的可能性。

由此可见，孟德斯鸠在其思想中对于制衡的原理予以了明确的阐述。他认为，“制约”和“均衡”是为了防止权力的滥用。“一切有权力的人都容易滥用权力，这是一条万古不变的经验。”〔1〕“要防止滥用权力，就必须以权力约束权力。”〔2〕因此他对于权力的分配非常重视，提倡实现以权力制约权力进而防止权力滥用。而所谓“以权力约束权力”，就是使立法、行政、司法这三种权力互相分立并互相制约以实现保持平衡。他通过对英格兰政治的研究认为其基本特点就在于“立法机关是由两部分组成，它们通过相互的反对权实现对彼此的控制，二者同时又都受行政权的约束，而行政权则又受到立法权的约束”。他将整个国家权力分为立法、行政与司法三个部分，并分由三个不同的国家机关予以行使，立法权归属于议会行使，行政权则由君主所掌握，司法权则归法院予以执行，使这三种权力或者三个机关之间实现互相制约。而依照这一方案的安排，不仅使资产阶级国家机关的分工实现了理论化，同时还使立法以及相关的法律程序设计发生了历史性的变革。这便为资产阶级设计了一个反对封建专制主义和依法治国的完整方案。既然设计立

〔1〕［法］孟德斯鸠：《论法的精神》（上册），张雁深译，商务印书馆 1961 年版，第 154 页。

〔2〕［法］孟德斯鸠：《论法的精神》（上册），张雁深译，商务印书馆 1961 年版，第 154 页。

法权是属于议会，即可通过议会将资产阶级的意志集中表现为法律，这就改变了从前君主的意志便是法律、“言出法随”的封建专横状态，从立法形式上确认了资产阶级民主主义的程序。这便促进了近代意义上“法制”的产生，使国家整个政治制度和整个国家活动中的“君主至上”变更为“法律至上”，用资产阶级的法治代替了“朕即国家”“法出于我”的人治，而这无疑是历史上一次巨大的进步。

孟德斯鸠三权分立的学说与“分权”“制约”等基本原则，虽然未涉及主权的归属问题和为谁服务的问题，并把政府机关之间的分工与主权的分割相互混同起来，在一定程度上表现了其在理论上的局限性与政治上的妥协性。但是孟德斯鸠关于政体的分工原则在法国整个资产阶级革命的过程中，毫无疑问地为资产阶级民主制度取代封建专制制度的斗争提供了最尖锐的理论根据，并且这一学说和原则也为法国 1791 年的《宪法》所予以肯定。《宪法》明确规定“无权利保障和分权未确立的社会，就没有宪法”。基于此，这一原则也成为防止资产阶级民主制向君主独裁制蜕化的法律武器，进而也成为资产阶级各国所确立的国家制度之根本原则。

分权与制衡原则的完整表述其实应该是“三权分立”与“相互制衡”原则，这一原则是美国政权组织形式得以建立之制度基础。从目的层面而言，分权与制衡原则是为了防止人民所委托之权力遭受滥用的同时又要对政府权力的设定实现内部制约。美国人民在刚刚建国之时便对一个统一的全国性政府持有一种不信任的态度，认为“如果同一批人同时拥有制定和执行法律的权力，这就会给人们的弱点以绝大诱惑使他们动辄攫取权力，借以使他们自己免于服从他们所制定的法律，并且在制定和执行法律时，使法律适合于他们自己的私人利益，因而他们就与社会的其余人员有不相同的利益，违反了社会和政府的目的”。[1]分权与制衡原则的产生实质是基于一种人性本恶的悲观假设，这一假设坚信绝对的权力往往会导致绝对的腐败，只有通过分权和制衡才能对人性的弱点予以控制，甚至将人性中的自私、贪婪等缺陷转变为实现彼此制约的有效机制，进而将对私人利益的追求转变成对公众权利的保护。因此，思想家洛克则把国家权力分为立法权、执行权和对外权：执行权由国王予以行使，但国王自身却不能立法，只是对立法拥有一种同意权；立法权由国会予以行使，同时国会自身不能去执行法律，但有权对法律的执行予以监督。经过孟德斯鸠对该思想的丰富与完善，基本上确定了现代意义上立法权、执行权和司法权的三权分立，其中立法机关负责法律的制定工作，行政机关则致力于将法律予以实施和执行，而司法机关则负责监督法律的制定和实施。整个国家权力被局限在各个相对独立的领域之中，并在宪法的统辖之下实现相互之间的协同运作，避免了政府权力对人民的权利和自由可能造成的侵犯，而这种巧妙的制度设计理论对美国的制宪先贤们产生了深刻影响。

作为美国宪法创始人之一的麦迪逊曾主张将政府划分为三个部分，即立法、行政与司法。而且这三个部分之间在机构和职能上应该相互独立。除此之外，他还认为：“立法、行政、司法置于同一个人手中，不论是一个人，少数人或许多人，不论是世袭的，自己任命的或选举的均可公正地断定是虐政。”[2]但同时他亦认为这三种权力之间并非是一种完全分立、互不相干

〔1〕［英］洛克：《政府论》（下篇），叶启芳、瞿菊农译，商务印书馆 1964 年版，第 89 页。

〔2〕［美］汉密尔顿等：《联邦党人文集》，程逢如等译，商务印书馆 1980 年版，第 264 页。

的关系，而应该是一种在某种程度上互相依赖的关系，只有如此才能实现三者之间的“和睦相处”。他认为：“新罕布尔州宪法表明，决策机构之间需要一定程度的互相依赖，该宪法指出：不同的部门应该保持依据一个自由政府的性质所容许的那样的独立和彼此分立；像同那个把整个宪法组织成一个和睦的不可分解的联系链条，相一致的彼此分立”〔1〕。与此同时，为保证每个部门都可以对其他部门实现制约，每个部门都必须能够对其他部门行使一种潜在的否决权，如此便可使每个部门都可以对其他的部门实现法定的控制。虽然每个部门都应该有其行使特权的领域，但是这种特权的行使必须受制于其他部门所享有的潜在否决权。这种否决权只允许各个部门在其法定的权限范围内进行活动，同时对于这种否决权当然也不能是一种无限制的权力，因为无限制的否决权必然会导致另外一种权利弊端的产生，即一个部门对另一部门的专制。因此，在赋予各部门对其他部门一定制约手段的同时，还必须确保各部门成员无法干预其他部门成员的任命工作。尤其是在组织司法部门之时，因为法官是具有特殊资格的成员，因而不仅要对这种特殊的资格制定相关的保障方式，同时对于该部门成员的任职也应该是终身的，所以对任命他的权力的一切依赖思想必然予以消除。除此之外，“各部门成员在他们的公职报酬方面应尽可能少地依赖其他部门的成员”〔2〕。只有如此，立法、行政、司法三个部门才可以既是相互独立，各自存在行使法定权力的领域，同时又不是一种完全分立的关系，他们又要行使一些共享的权力。同

〔1〕［美］汉密尔顿等：《联邦党人文集》，程逢如等译，商务印书馆 1980 年版，第 284 页。

〔2〕［美］汉密尔顿等：《联邦党人文集》，程逢如等译，商务印书馆 1980 年版，第 238 页。

时这三个部门之间又是可以实现相互制约的，每个部门有不同等的“自卫权”（消极的制约），又有潜在的否决权（积极的制约）。

第二节 中国的二元司法架构模式

基于对司法独立与司法权分立的分析，结合我国司法运行之实践，在我国司法权“一元分立”的体制下，司法机关主要指人民法院和人民检察院，司法权包括审判权和检察权，司法活动包括诉讼活动和诉讼监督活动以及相关的非诉讼活动，从而形成了中国社会主义司法的特定内涵。在我国，具有司法性质和与司法密切相关的机构还包括公安、安全和司法行政机关。如公安机关虽然在机构设置上属于行政机关，但是其行使的侦查职能，无疑具有刑事司法的意义。司法行政机关，承担着管理监狱、罪犯改造工作、管理律师、公证业务、组织司法考试、指导人民调解委员会工作、开展司法外事活动以及其他司法行政事宜，使得司法行政机关也具有一定的司法职能。鉴于辩护、代理制度在司法制度中所占的重要地位，像律师协会等虽然并非国家机关，但也是不可忽略的与司法相关的组织。[1]但是这是一种最广层面意义上对司法之界定，并不符合我们研究刑事司法决策机制这一核心命题之需要。况且从我国宪法及党中央的相关重要文件中足以看出我国这种“一元分立”的司法架构体制。我国宪法文本虽然没有直接使用“司法机关”这一词语，但从体例排列上来看，《宪法》将人民法院和人民检察院等同视为行政机关之外的司法机关。我国最新《宪法》第三章第三节

〔1〕 参见沈德咏：《中国特色社会主义司法制度论纲》，人民法院出版社 2009 年版，第 186 页。

是有关国务院的规定，其中第 85 条规定：国务院“是最高国家行政机关”；第三章第七节的标题直接为“人民法院和人民检察院”，其中第 128 条规定：“中华人民共和国人民法院是国家的审判机关”；第 134 条规定：“中华人民共和国人民检察院是国家的法律监督机关”。除此之外，党中央的重要文件根据宪法规定的精神也一再明确这一基本观点，将人民法院和人民检察院定位于司法机关，从而构成审检并列的二元司法架构模式。而我国这种司法体制之样态，恰恰构成了审检双核的二元司法格局。

一、以审检并列为载体的模式结构

结构既是一种观念形态，又是一种物质形成状态，一般指事物或系统内各要素的存在状态和各要素间的结合关系。中国二元司法架构模式的结构，是构成司法模式的体制架构、职权配置和司法运行的存在状态及相互关系。其中，审检并列的体制架构模式是二元司法模式的基础，审检并重的职权配置模式是二元司法模式的核心，诉讼与诉讼监督同步的运行模式是二元司法模式的实现形态。

（一）二元司法模式体制架构

作为二元司法模式的载体，审检并列的体制架构模式是由我国的审判机关与检察机关二者并列组合而成的司法体制结构样式，是我国司法制度最基本的特色之一。而这一体制架构呈现出四个内在特质。第一，法律地位的平等性。我国审判权和检察权均是由我国的国家权力机关产生并向其负责，这一产生路径既体现了人民民主专政国体之要求，也是由人民代表大会制度之政体所决定的。这与西方宪政国家三权分立制度模式下对于司法的定位存在巨大的差异，当然这是由我国国家性质以及政治体制传统所共同决定的，体现了我国司法制度最基本之特色。第二，审检职能之对应性。以检察机关履职为视角，检察机关在整个刑事司法诉讼活动过程中，主要围绕侦查、控诉以及监督三项职能而展开，与审判机关之职能存在先后顺序及对应关系。职能上的对应性要求在设置上的对应性，而这种设置上的对应性则多数表现为审检分立、对应设置。第三，按行政区域设置的便捷性。根据我国司法实践活动之需要，审判机关、检察机关一般遵循行政区域或司法区域之划分而设置。之所以遵循这样一种设置方式，是为实现与刑事案件之地域管辖相适应，如此设计既实现了对审判机关、检察机关的区域管理范围纵向与横向的双向划分，又便于及时、有效地处理案件。第四，人事制度要求的同等性。《法官法》与《检察官法》分别规定担任法官、检察官必须拥护《中华人民共和国宪法》。有良好的政治、业务素质和良好的品行，这是担任法官、检察官的同等政治条件。同时，对担任法官、检察官必须具备的法律专业知识、学历和法律工作经历等专业条件作了同等规定。自1995年起法院检察系统同时开始实行初任法官、检察官的资格全国统一考试。初任法官、检察官的资格考试是法官、检察官的资格条件的最初表现形式，它对于提高法官、检察官的专业化程度发挥了重要的作用。2001年《法官法修正案（草案）》《检察官法修正案（草案）》提高了对法官、检察官的学历要求和经验要求。而对于政治素质与业务素质的相同要求，恰恰体现了法官与检察官在任职方面的同等性，也为保证审判机关与检察机关这种二元架构模式的顺利运行提供了人员素质的依托。

（二）二元司法架构模式的职权配置

二元司法模式的核心应该是审检并重之职权配置模式。我国《宪法》《人民法院组织法》和《人民检察院组织法》三部法律对审判权和检察权的配置是十分明确具体的，并且是一种相互对应的关系。而《刑事诉讼法》《民事诉讼法》和《行政诉讼法》等三大诉讼法则对审判权和检察权之配置及运行予以规范，将审判机关和检察机关二者之间司法职权并重，并且相辅相成、各司其职的特点呈现出来。我国司法职权之依法配置主要体现于刑事诉讼、民事和行政诉讼三大领域。第一，刑事诉讼中的职权配置。这一职权配置中的审判权主要包括：强制措施的决定权，庭审调控权，罪与非罪的决定权，刑罚适用的决定权，刑罚变更的决定权等；而检察权则主要包括：侦查监督权，逮捕措施决定权，刑事公诉权，刑事不起诉决定权，刑事抗诉权，刑罚执行监督权等。第二，民事、行政诉讼中的职权配置。这一职权配置中的审判权主要包括：立案决定权，庭审调控权，证据、财产保全、先予执行决定权，妨碍民事、行政诉讼强制措施决定权，权利、义务裁决权，民事调解决定权，判决、裁定执行权等；而检察权则主要包括：不服判决、裁定申诉受理权，民事、行政申诉立案决定权，民事、行政裁判抗诉权及检察建议权等。第三，是非诉讼活动的职权配置。这职权配置则主要包括：审检司法解释权，审检法制教育权，审检职务犯罪预防权，审检综合治理参与权等。在审检司法职权配置方面，二者之间是共性与个性并存的。因此在进行审检二者职权配置之时，就必须实现共性与个性之间的协调统一。针对二者的共性方面，既要给予司法机关充足的权力以能够保证司法任务的完成和司法目的之实现，又要为防止权力被滥用而必须设立有效的监督与制约机制。针对二者的个性方面，检察权与审判权二者在权力性质上是存在不同的。检察权在我国的定位是法律监督权，包括侦查权、公诉权、诉讼监督权等相对具体的权能，它是一种复合性、程序性的权力，因为它既要参与到诉讼当中来同时又要对诉讼实行监督；而审判权从性质上而言则是一种实体裁判权力，是一种判断权，被动性、中立性和终局性是其最基本的特征。具体到目前我国深化司法体制改革之实践，应基于审判权与检察权在权力属性方面的差异，对于审判机关与检察机关的职权配置予以分别考虑。

（三）二元司法模式的职能运行

诉讼与诉讼监督两种职能的同步运行是二元司法模式之实现形态。从整个司法运行之特征来看，各国检察机关在对诉讼活动进行参与的同时，对侦查和审判活动往往都存在制约功能，但在一种偏激的审判中心主义的体制下，检察权对于审判权的制约处于一种下位对上位的角色关系之中。我国检察机关作为二元司法主体之一，在地位上与我国的审判机关处于同一位阶，既要与公安机关、审判机关进行相互配合进而参与诉讼活动以及代表国家追诉犯罪，又要代表国家对于侦查活动、审判活动以及刑罚的执行活动进行全过程的法律监督。检察机关法律监督之职责具体包括：对叛国案、分裂国家案以及严重破坏国家的政策、法律、法令、政令统一实施的重大犯罪案件行使检察权；对直接受理的刑事案件进行侦查；对公安机关侦查的案件进行审查，决定是否批准逮捕、起诉或者不起诉；对公安机关的立案活动、侦查活动是否合法实行监督；对刑事案件提起公诉、支持公诉；对人民法院的刑事审判活动是否合法实行监督；对刑事判决、裁定的执行和监狱、看守所、劳动改造机关的执法活动是否合法实行监督；对人民法院生效的民事、行政裁决是否公正、错误等进行监督，维护司法公正和社会正义。这种不仅在诉讼中实行权力制约，而且对诉讼实行法律监督的制度设置，与党的领导体制中执政与执政监督（纪律检查）同步的制度设置，行政管理体制中行政管理与行政监察同步的制度设置一脉相承，都是中国特色社会主义宪制体制的内在要求使然，是我国二元司法的重要特色。

二、二元司法架构模式的理论基础

（一）马克思人民主权学说

马克思主义的人民主权学说认为，以卢梭为代表的资产阶级的人民主权学说是进步性与局限性并存的。其进步性主要表现于在反封建专制主义中起到了巨大的推进作用，但与此同时，其局限性也是非常明显的：①资产阶级人民主权学说中的“民”范围较小，仅指资产阶级；②资产阶级人民主权说的理论基础是自然状态说和社会契约理论，而这两个理论基础都是无法被证实的。马克思主义人民主权说认为国家的一切权力应该属于人民，只有人民才是国家主权的唯一享有者，并且国家权力是统一而不可分割的。无产阶级在建立无产阶级政权之后，应当把一切国家权力都统一集中到人民手中，最后由人民通过选出的代表来掌握国家的最高权力。马克思在针对黑格尔的君主主权说进行批判时曾指出：“人民的主权的渊源并非是国王的主权，而恰恰相反，国王的主权则必须是以人民的主权为基础的。”同时又在《黑格尔法哲学批判》中曾对人民与国家制度之关系予以明确：“人民是否有权来为自己建立新的国家制度呢?”马克思指出：“对这个问题的回答应该是绝对肯定的，因为国家制度如果不再真正表现人民的意志，那就变成有名无实的东西了。”[1]人民主权究竟应该是一种什么样的政治形态呢？在马克思主义经典作家那里，人民主权并不是一个抽象空洞的概念，而是一种现实的民主政治。“‘民主的’这个词在德文里的真实

〔1〕 参见《马克思恩格斯选集》（第1卷），第316页。

含义就是‘人民主权’的。”[1]在对人民主权的概念予以明确之后，其进一步对司法权作出了定位，指出司法权同样也应该是属于人民的，司法权应该是“国民的直接所有物”[2]。我国审判权与检察权由国家权力机关并列产生之司法架构模式，是对马克思主义人民主权学说中国化的具体体现。我国各级审判机关与检察机关由各级人民代表大会产生，与此同时，审判机关与检察机关对相应的人民代表大会负责并受其监督、向其报告工作。由这一点可以看出，我国的国家司法权通过人民代表大会制度的运行牢牢掌握在全体人民的手中，完全体现了马克思主义人民主权说的要求，并且与资产阶级人民主权学说及三权分立制度之间存在本质的区别。在我国，人民代表大会制度严格遵循民主集中制原则，运用间接民主或直接民主的选举形式，始终保证了国家司法权力之人民性的本质。

议行合一是马克思主义人民主权学说的重要原则之一，同时也是国家权力机关并列产生我国审判权与检察权之司法架构模式的政治基础。议行合一原则与三权分立是相对应的，是指国家重大事务的决定权和执行权是由最高国家权力机关统一行使之政治理念与实践，这一政治原则的创立是马克思主义在对巴黎公社经验进行总结时得出的，议行合一制同样也得到了列宁的高度赞扬。他认为，把公社作为工作机关是摆脱资产阶级议会制的正确选择。他按照“把立法的职能和执行法律的职能在选出的人民代表身上结合起来”的总体构思，在实践中对巴

---

〔1〕 参见《马克思恩格斯选集》（第1卷），第279页。

〔2〕 恩格斯在《（刑法报）停刊》一文中写道：“司法权是国民的直接所有物，国民通过自己的陪审员来实现这一权力，这一点不仅从原则本身，而且从历史上来看都是早已证明了的。”

黎公社所首创的议行合一原则加以发展。[1]议行合一与三权分立两种权力划分原则导致了中西方国家权力在分配体制上的截然不同，而这种不同又反映出中西方价值追求之集体主义与个人自由之间的不同，对政治体制文化认知的截然不同。西方三权分立理论[2]之诞生、发展以及实践，是基于西方一种对于人性恶的文化认知及强调，对政府保持一种不信任的心理和对自由的一种追求极度保障的认知成为该理论的基础。“政府即使在其最好的情况下，也不过是一件免不了的祸害，在其最坏的情况下，就成了不可容忍的祸害。”[3]而在我国，人性本善的认识在传统文化中始终是占据主流的，社会至上、集体至上的价值观得到更加充分的宣扬，而且对政权也是保持一种信任的心态，与三权分立理论的认知基础便存在巨大差异，因此三权分立所主张的通过权力分立来实现对个人自由予以保障的认知基础自然就难以存在。近代中国的发展历程同样向我们印证，西方三

---

〔1〕 1918年苏俄《宪法》规定：全俄苏维埃代表大会及其常设机关——中央执行委员会是最高国家权力机关，人民委员会是行使行政权的最高行政机关，中央执行委员会委员在人民委员会所属各部（各人民委员会）中工作，并执行中央执行委员会的各项特别委托。

〔2〕 近代意义的三权分立理论是由法国思想家孟德斯鸠提出的。他继承和发展了洛克的分权思想，在其1748年出版的法学名著《论法的精神》中，将三权分立说进一步完备。孟德斯鸠认为：“一切有权力的人都容易滥用权力，这是万古不易的一条经验。”“防止滥用权力，就必须以权力约束权力。”他将国家权力划分为立法、行政、司法三种权力。主张议会行使立法权，政府行使行政权，司法权则由独立的审判机关行使。孟德斯鸠认为：“如果司法权不同立法权和行政权分立，自由也就不存在了。如果司法权同立法权合二为一，则将有对公民的生命和自由施行专断的权力，因为法官就是立法者。如果司法权同行政权合二为一，法官便拥有了压迫者的力量。”“如果同一个人或是由重要人物、贵族和平民组成的同一个机关行使这三种权力，即制定法律权，执行公共决议权和裁判私人犯罪或争诉权，则一切都完了。”这一学说为资产阶级革命后建立的政治制度提供了模式和奠定了基本原则。

〔3〕 参见［美］潘恩：《潘恩选集》，马清槐译，商务印书馆1989年版，第22页。

权分立之政治体制并不能很好地适用于中国，议行合一体制下的人民代表大会制度才是适合我国的历史性选择，也恰恰是我国政治体制政治优势之所在。中国的权力架构不是一种平行的三权分立架构，而是一种立体的、搭积木式的权力架构。人大的权力要高于行政和司法的权力（人大对政府和法院要行使监督之权），检察机关并不是行使监督权的唯一主体，因此西方三权分立之理论在中国并不适用。况且中国的司法机关绝不能脱离中国的政治大环境而存在，我国司法工作的开展必须围绕国家的中心工作、重点任务而进行，要为经济发展、社会稳定提供良好的司法保障。这是人民代表大会制度的政体下二元司法模式的特有内涵，同时也是我国司法制度的重要特色之一。

（二）法律监督思想

检察机关之法律监督在整个司法格局中的定位和作用是我国二元司法模式又一显著特色，同时这也是列宁法律监督思想进行中国化的重要体现。列宁在领导苏联建设社会主义国家政权的过程中，针对当时所面临的法制现状以及应对共产党领导人民进行管理国家之需要，在对资本主义之检察制度进行深刻批判的基础上总结经验教训，进而提出了其系统化的法律监督思想，并发表了《论“双重”领导和法制》《论新经济政策条件下司法人民委员会的任务》《怎样改组工农检察院》《宁肯少些，但要好些》等一系列重要文章，明确阐述其法律监督思想之基本原理。其基本观点主要包括以下几点：①法律监督最根本职责是维护国家的法制统一，反对地方主义、本位主义和官僚主义。②检察机关应该是专门的法律监督机关，要与行政机关相分离，以保证其独立行使检察权。他说：“检察机关和任何行政机关不同，它丝毫没有行政权，对任何行政问题都没有表决权……检察长的责任是使任何地方政权的任何决定都与法律不发生抵触，检察长必须仅仅从这一观点出发，对一切非法的决定提出抗议，但是他无权停止决定的执行。”[1]③检察机关要实行集中统一领导，进而保证检察权之独立行使。同时他还主张检察机关要实行一种自上而下的垂直领导模式，中央检察机关直接受党中央的领导，而地方各级检察机关则分别受其上级检察机关领导，并且一律都要受总检察长的领导。列宁的法律监督思想对社会主义检察机关的性质、地位以及作用进行了科学的阐释，并将社会主义国家政权建设的内在要求深刻地反映了出来。在这一思想的影响与指导下，我国在政权组织形式以及国家机关的建设上有了自己的创新性发展，虽然法律监督的权限呈现出一定的收缩性趋势，不再搞普遍性的一般监督，但检察院与法院具有同等宪法地位，并且共同构成了这种二元司法格局，这种创新发展是对列宁的法律监督思想的创造性运用[2]。

（三）毛泽东人民民主专政理论

毛泽东在领导新中国政权建设的过程中，针对中国之实际需求，对列宁之无产阶级专政理论进行继承与发展，并创造性地提出了人民民主专政之理论，这一理论对我国社会主义政权的阶级本质、组织形式和组织原则进行了系统性的阐述。他说：“西方资产阶级的文明，资产阶级的民主主义，资产阶级共和国的方案，在中国人民的心目中，一齐破了产……资产阶级的共和国，外国有过的，中国不能有，因为中国是受帝国主义压迫的国家。唯一的路是经过工人阶级领导的人民共和国。一切别的东西都试过了，都失败了。”“总结我们的经验，集中到一点，

---

〔1〕［苏联］列宁：“论双重领导体制和法制”，载《列宁全集》（第43卷），人民出版社1987年版，第195页。

〔2〕参见邱学强：“论检察体制改革”，载《中国法学》2003年第3期。

就是工人阶级（经过共产党）领导的以工农联盟为基础的人民民主专政。”〔1〕人民民主专政是一种适合我国国情的无产阶级专政，人民民主专政理论也是对无产阶级专政理论进行中国化的理论。新中国之司法制度就是在人民民主专政理论的指导之下，通过对苏联司法制度建设经验之借鉴，逐步地进行探索并建立起来的。

在毛泽东的人民民主专政理论指导之下，解放战争时期的一些革命根据地便在人民政权中设立了相应的审判机关和检察机关。而新中国成立后，对这些革命根据地政权建设的经验尤其是司法制度建设方面的经验教训进行总结，并对司法机关作为人民民主专政的政权机关的地位和必要性予以进一步确认。直至1954年，周恩来总理在第一届全国人民代表大会的政府工作报告中指出：“为了保卫我们的国家建设事业不受破坏，必须建立国家的公安机关、检察机关和审判机关，必须加强立法工作和革命的法制。”〔2〕而这一报告也充分说明了在新中国成立之初，作为新政权之重要组成部分的司法机关在保护人民、打击敌人方面是发挥了重要作用的。随着我国阶级斗争形势发生了根本性的变化，人民民主专政的结构和职能也在不断地进行调整和发展，民主之范围越来越大，而对敌专政的范围却在逐步缩小，司法机关之职能中打击犯罪、对敌专政的职能越来越趋向于稳定，而定纷止争、保障人权以及维护社会主义民主之功能则不断突显。但不可否认的是，人民民主专政的国家性质并没有变也不可能变，司法机关作为人民民主专政国家机器的重

〔1〕 毛泽东：“论人民民主专政”，载《毛泽东选集》（第4卷），人民出版社1991年版，第1480页。

〔2〕 周恩来：“第一届全国人民代表大会的政府工作报告”，载《新华月报》1954年第10号。

要组成部分的地位及职能同样也不会变。我们对人民民主专政理论仍然要予以坚持并且始终坚持，从民主和专政这两个核心方面对司法机关的性质和作用予以全面理解和把握。

（四）人民代表大会制度理论

人民代表大会制度理论认为，社会主义共和国必须建立通过选举产生的人民代表机关作为国家统一的、最高的权力机关，并以此体现人民主权。人民代表大会制度作为我国的根本政治制度和政权组织形式，是马克思主义人民代表机关理论在中国的应用和发展。在人民代表大会制度下，国家的一切权力属于人民，人民代表大会代表人民统一行使国家权力。人民代表大会的组织形式及活动方式决定了它主要负责对人民意愿进行反映和集中进而作出决策，并负责监督决策的贯彻与实施。行政机关由人民代表大会组织产生，并按照其要求依法行使各项行政管理职权，审判机关由人民代表大会组织产生，并按照其要求依法对社会纠纷作出裁判，军事机关由人民代表大会组织产生，并按照其要求来维护国家的安全和利益。与此同时，为了对这些机关是否严格依法履行职责实施监督，人民代表大会设置了相应的监督机制，主要包括由它直接实施的监督即“人大监督”和由检察机关实施的法律监督。人民代表大会主要针对下级权力机关所制定和颁布的法规，发布的决议、决定和命令，以及行政机关所制定的法规、发布的决定和命令的合宪性和合法性进行监督，针对人民法院和人民检察院是否做到依法行使审判权和检察权进行监督。由于人民代表大会对审判机关的监督主要包括一般工作监督、人事任免以及一些重大问题的调查等方面，对于个案进行监督并不方便，而且其他监督主体也难以对诉讼进行直接参与，因此，除了在人民法院系统内部设置相应的监督机制之外，还需要设立一个专门的监督机关来承担对于审判工作的监督。在我国，检察机关除了要承担对审判工作的监督之外，同时还要对公安机关的侦查、刑事强制措施的执行以及监狱机关的刑罚执行工作承担相应的法律监督职责。而所有这些法律监督职责均是从监督职能中派生出来的专门性监督职能。

民主集中制理论作为我国人民代表大会制度的理论基础，其认为在社会主义国家的种种关系中，包括国家机关与人民群众之间的关系、权力机关和其他国家机关之间的关系、中央与地方之间的关系以及各个国家机关内部的关系都必须既要符合民主的要求，又要符合集中的要求，即都必须按照民主集中制的原则予以确定和调整，都必须实行在民主基础上的集中和在集中指导下的民主。“只有这个制度，才既能表现广泛的民主，使各级人民代表大会有高度的权力；又能集中处理国事，使各级政府能集中地处理被各级领导人所委托的一切事务，并保障人民的一切必要的民主活动。”[1]民主集中制理论是我国宪制的理论基础，其作为一种政体理论与分权制衡理论是相对立的。民主集中制理论决定了我国检察机关和审判机关与国家权力机关、行政机关三者之间的关系，即使得检察机关和审判机关成为独立于权力机关与行政机关的法律监督机关和国家审判机关。同时也决定了我国司法权的组织形式是由审判和检察两个系统予以行使，决定审判机关要实行合议庭和审判委员会制度，而检察机关实行检察长与检察委员会相结合的决策体制并实施一种上级领导下级的领导体制。

（五）人权保障原则

刑事司法活动依法进行是保障刑事法律得以正确实施的最

---

〔1〕 毛泽东：“论联合政府”，载《毛泽东选集》（第3卷），人民出版社1991年版，第1057页。

重要的过程性手段，更是作为能够保证受侵犯的人权获得救济的最后一道屏障而存在。因此，在每一起刑事案件的侦查、起诉、审判、执行等刑事司法各个环节上，司法人员都必须始终牢固树立保障人权与保护社会并重之理念，切实遵循人权保障之时代要求。为实现这一目标，不仅要求在刑事司法活动中要正确运用刑法、刑事诉讼法以及刑事执行法，而且还要求实现司法体制改革与司法队伍建设在各个方面的密切配合。以刑事司法活动过程中人权保障之基本原则为例，所谓刑事司法中的人权保障原则，是指贯穿于刑事司法的各个环节，指导整个刑事司法中保障人权活动的根本性准则。据此可以认为，为切实有效地保障被告人、犯罪嫌疑人以及包括被害人在内的一般社会公众的人权，刑事司法活动中人权保障原则必须包含以下两个重要的原则。

和谐统一司法的原则。和谐统一司法，就是要求刑事司法活动中对行为的定罪量刑要达到一种合理、协调、稳定和统一的状态。这是罪刑法定、罪责刑相适应等刑法基本原则以及刑罚之目的对整个刑事司法活动所提出的共同要求，也是贯彻人权保障这一宪制理念所必备的原则。刑事司法活动只有严格按照刑法的规定对行为的罪与非罪实现正确认定，并严格根据犯罪的危害程度和刑罚目的之要求对其进行妥当的刑罚适用，才能使司法的权威得到进一步提高，司法的效果得到进一步增强，也才能在通过刑法的适用针对犯罪进行有效的惩罚和预防的同时，达到切实保障人权之目的。[1]为了贯彻和谐统一司法这一原则，要求刑事司法人员必须始终秉持保障人权之要求，并着力避免出现以下几种倾向：第一，对社会发展形势以及刑事政

〔1〕 赵秉志：《刑法改革问题研究》，中国法制出版社 1996 年版，第 473 页。

策予以过分强调进而对定罪量刑造成影响，使其与刑事法律的有关规定发生背离，从而对行为的实际危害程度缺乏足够重视，以致出现轻罪重罚、罚不当罪的情形；第二，针对被告人或者犯罪嫌疑人的前科劣迹予以片面强调进而对其行为的定罪量刑形成负面影响；第三，对于专项性司法斗争与地方性司法一阵风运动的热衷，不仅导致司法上的纵（与本地区其他时间相比）横（与同时期其他地区相比）失调，而且还使得冤假错案发生等。整个刑事司法活动如果不遵守和谐统一之原则，则必然会使被告人、犯罪嫌疑人甚至是普通公众对于司法之公正性与合理性抱有怀疑乃至否定，甚至从另一个侧面还会对某些犯罪人和潜在犯罪人实施犯罪的侥幸心理或报复心理形成助长之势，从而对整个刑事司法的应有效果产生影响甚至削弱，以致无法完全实现保障人权之功效。

公正严肃司法之原则。公正严肃司法，就是要求在整个刑事司法活动中始终秉承公正之理念，严格依照刑法条款的规定对行为的罪与非罪、此罪与彼罪以及行为人罪责大小和应判刑罚的轻重进行处理，以追求司法公正的最终实现。这是刑法基本原则之罪刑法定对于整个刑事司法活动的必然要求，同时其本身也是刑事司法活动中贯彻人权保障的重要原则之一。唯有对公正严肃司法予以坚持，才能真正树立刑法之权威，从而使得刑事司法活动得以强化，并通过司法活动实现保护人民、惩罚罪犯、预防犯罪之刑罚目的，进而使保障人权这一时代要求获得充分的张扬。公正严肃司法，必然要求在整个刑事司法活动中坚持刑法面前人人平等之原则，对行为人定罪与否以及定罪与量刑之轻重，坚持一切依据刑法而断，坚持以主客观相统一之原则来考察该行为之危害性质、危害程度及其在法律上所应得之评价，坚决排除任何法外特权之存在。与此相对应，公正严肃司法也必然意味着不同身份、不同社会地位者应该依法享有同等的权利，应当一视同仁地受到刑事法律之保障，不能只是因为被害人在身份和地位上的不同，而对同样的行为在适用法律上存在处罚轻重甚至是罪与非罪之区分。刑事司法如果缺失公正严肃，不仅会使法律的权威和司法的神圣遭受亵渎，还会造成具有特殊身份之犯罪人对刑事立法和司法产生蔑视，也会造成普通身份的犯罪人对其被适用法律定罪判刑产生抵触，进而导致广大公众对于整个司法活动产生一种不公平和不信任的心理，从而严重削弱刑事司法之整体效果，也与保障人权之理念相违背。

综合而言，西方司法架构模式呈现出一种“一元”独立的模式，而我国司法架构则呈现出一种“二元分立”的模式，两种模式各不相同，其理论依据也存在差异，这与中西方发展的历史不同相关。而两种模式之间的差异，对我们真正了解和把握我国的刑事司法决策模式必然有着重要的积极意义。

第三节　中西司法架构模式对比

一、中西司法架构不同的定位

在西方宪政国家中，无论英美法系还是大陆法系国家多采用三权分立之权力架构安排，其国家司法权与国家的立法权、行政权具有同等的法律地位，三者分享国家之最高权力。但各个国家之间又因历史文化传统以及政治体制架构之差异而形成各自不同的设置安排。以美国联邦最高法院为例，其不仅享有司法之最高审判权，而且还享有针对联邦立法和各州立法之违宪审查权，足见其司法权定位之高；英国依然奉行议会至上之传统，上议院兼具立法和司法的双重性质，同样展现出司法权之高定位；而在大陆法系的法国，为了使行政权免于遭受司法权之干预，在行政系统内设立专门的行政法院来对行政案件予以处理，从而实现普通法院与行政法院两个司法序列的互不干涉；在德国，州与联邦法院中同样也设立与高等法院并立的行政法院来对行政诉讼案件予以处理，在联邦还设立宪法法院来对违宪案件予以处理。但无论各个国家如何设置，其共性便是司法权其实是与立法权、行政权共同分享了国家最高权力，并且三者之间应该是一种同等重要的地位。而我国则是在统一国家权力体系之下进而派生出的“一府两院一委”之制度安排，国家权力体系虽然同样包含立法权、行政权、司法权等三项权力，但制度本身却不是一种立法权、行政权、司法权三权并行且相互制约的架构安排。根据我国宪法和法律规定，国家权力机关为人民代表大会，审判机关和检察机关同国家行政机关一样，均是由人民代表大会产生，并对它负责，受它监督。各级人民法院、人民检察院和各级人民政府一样，均需向同级人民代表大会定期或专项报告工作，并由同级人民代表大会进行审议；而各级人民法院院长、人民检察院检察长均由与其同级的人民代表大会选举产生，其中下级人民检察院的检察长还要同时报请上级人民代表大会常务委员会批准任免；各级人民法院副院长、审判员、审判委员会委员，各级人民检察院副检察长、检察员、检察委员会委员，则由本院院长或检察长提请同级人民代表大会常务委员会任免。由此可以看出，我国审判机关与检察机关在国家权力体系中的法定层级，其是人民代表大会之下的与行政机关平行、分立的权力机构。司法权虽然与国家的立法权、行政权共同属于国家之最基本权力，但其必须是在作为最高权力机关的全国人民代表大会的法律地位之下。

二、中西司法机关概念与内涵的差异

通过针对西方一元司法基本特点进行研究表明，英美法系国家的司法机关通常特指法院，而大陆法系国家的司法机关主要指法院，同时兼指检察机关。而我国司法机关则主要是指法院和检察院。我国宪法文本中虽然并未直接明确使用“司法机关”这一词语。但从文本内容排列逻辑来看，第三章第三节有关国务院的规定中，第 85 条规定国务院是“最高国家行政机关”；第三章第八节的标题直接定为“人民法院和人民检察院”，而其中第 128 条规定，“中华人民共和国人民法院是国家的审判机关”，第 134 条则规定“中华人民共和国人民检察院是国家的法律监督机关”，并对审判机关和检察机关独立行使职权之原则分别予以确定。除此之外，两个条款在结构安排以及内容方面也呈现出完全一致性，都有“不受行政机关、社会团体和个人的干涉”之要求。由此可见，宪法将法院和检察院二者等同视为行政机关之外的司法机关。

不仅如此，执政党的重要文件同样根据宪法规定之精神也一再明确这一基本观点。党的十五大报告中提出：“推进司法改革，从制度上保证司法机关依法独立公正地行使审判权和检察权。”党的十六大报告中提出：“按照公正司法和严格执法的要求，完善司法机关的机构设置、职权划分和管理制度，进一步健全权责明确、相互配合、相互制约、高效运行的司法体制。从制度上保证审判机关和检察机关依法独立公正地行使审判权和检察权。”党的十七大报告中指出：“深化司法体制改革，优化司法职权配置，规范司法行为，建设公正高效权威的社会主义司法制度，保证审判机关、检察机关依法独立公正地行使审判权、检察权。”《中共中央关于加强党的执政能力建设的决定》

（2004年颁布）指出："支持审判机关和检察机关依法独立公正地行使审判权和检察权，提高司法队伍素质，加强对司法活动的监督和保障。"《中共中央关于进一步加强人民法院、人民检察院工作的决定》（2006年颁布）指出："人民法院和人民检察院是国家司法机关，是人民民主专政的国家机器的重要组成部分，肩负着贯彻依法治国基本方略的重要使命。"而中共中央《建立健全教育、制度、监督并重的惩治和预防腐败体系实施纲要》，则进一步明确了审判权与检察权的司法监督属性。指出"支持和保障司法监督，审判机关要依法审理行政案件，维护和监督行政机关依法行使行政职权。检察机关要依法加强对公安机关立案侦查活动、法院审判活动和判决生效后执行活动的监督。健全公安、审判、检察机关相互配合和制约的工作机制，加大惩治和预防职务犯罪力度"〔1〕。十八大报告指出："进一步深化司法体制改革，坚持和完善中国特色社会主义司法制度，确保审判机关、检察机关依法独立公正行使审判权、检察权。"十九大报告指出"深化司法体制综合配套改革，全面落实司法责任制，努力让群众在每一个司法案件中感受到公平正义"。由此可见，中西方之间对于司法机关的内涵和概念的认识之主要差别就在于对检察机关的定位的差异。

三、中西检察机关地位与职能的差异

西方一元司法的基本特点显示，英美法系国家中的司法，通常并不包括检察机关，而大陆法系国家则通常视检察机关为司法机关，但大都没有绝对独立的法律地位，要么隶属于法院系统，要么隶属于行政机关。英美法系的检察机关通常由其履

〔1〕参见"胡锦涛同志强调建立健全教育、制度、监督并重的惩治和预防腐败体系"，载《新华社》2005年1月12日。

行公诉职能，充当刑事诉讼中的一方当事人；而大陆法系的检察机关则通常具有公诉和法律监督双重职能。我国在人民代表大会之下设立审判机关、检察机关，二者与行政机关相并列，同时这一法律地位也表明了检察机关与审判机关享有同等的法律地位，而这恰恰是我国司法架构的重要特征。我国宪法将检察机关定位为法律监督机关，使其与审判机关相并列，进而共同履行司法职能，这是我国司法架构与国外司法架构的重要区别。同时必须予以明确，检察机关作为法律监督机关也是我国社会主义宪制之内在要求。〔1〕我国的政体是中国共产党领导的人民代表大会制度，而民主集中制是一切国家机构最重要的组织原则，分工制约是保障行政权、审判权和检察权合法、有效运行的最重要的机制。这种政治体制的安排是以国家权力的民主集中为其基点的，具有内在的强化权力集中和相互配合之倾向，但往往监督制约不足，换言之就是监督制约机制的设置缺乏有效性。基于此，在进一步加强民主政治建设的过程中，我们的党和国家都对监督制约机制的建设十分强调，设立专门的法律监督机关则成了社会主义宪制的重要特点。司法是检察机关在司法体制中的职能定位，反映了检察机关在刑事诉讼、行政诉讼和民事诉讼中的活动范围、活动方式和活动性质，

---

〔1〕 西方国家实行三权分立和两党制、多党制，强调分权制衡和审判独立；我国实行中国共产党领导下的人民代表大会制度，强调民主集中制，强调国家机关之间的分工制约和专门的监督机制。分权制衡与分工制约是两种不同的权力结构。在西方国家的分权制衡体制中，各项权力都有明确的范围，没有处于超越其他权力之上的权力。立法权与行政权之间的冲突和制约比较突出，关系往往比较紧张；而司法权相对弱小的，它裁判的根据来自立法，裁判的执行依靠行政，但是它比较超脱，可以独立地发挥裁判的功能，不仅享有对社会经济纠纷的终极裁判权，而且对政治纠纷包括立法与行政之间的纠纷享有最终的裁判权。西方国家监督制约机制蕴涵于权力的分配与运行之中，这是资本主义宪政的根基和主要特点。它的问题往往不是监督制约不够，而是制约过度而容易导致议而不决、缺乏效率。

是检察权在司法领域和诉讼活动中实行法律监督的具体途径。[1]“检察机关不仅对侦查机关和审判机关进行直接的司法监督，而且对其他行政机关也进行执法监督，将检察机关与审判机关并行且单独设立，不仅十分必要，而且意义重大。”[2]可见，在我国检察机关是法律监督机关，而其主要职能包括侦查、控诉和监督，而法律监督机关的定位表明其监督职能的重要性。

无论是宪法定位还是概念内涵之差异，抑或是对于检察机关之不同定位，均体现了中西方在刑事司法架构模式方面的巨大差异。刑事司法架构模式是刑事司法决策模式得以实现之骨架，而刑事司法架构模式之差异必然导致刑事司法决策模式之差异，因此在研究我国刑事司法决策模式之时，不可直接照搬

---

〔1〕 检察机关的法律监督是社会主义监督体系的一个重要组成部分。在我国，对法律实施的监督是通过多种途径实现的，除检察机关的法律监督以外，还包括党的监督、人大监督、行政监察监督、民主党派监督、舆论监督、群众监督以及其他形式的监督，构成了一个完整的监督体系。检察机关的法律监督，与其他形式的监督相比，具有以下特点：一是国家性，即法律监督权作为国家权力的一部分，是通过立法的形式，由国家最高权力机关授权人民检察院行使的。二是专门性，即法律监督权由人民检察院专门行使，人民检察院以法律监督为专职专责。三是规范性，法律监督的对象、范围、程序、手段等由法律规定。四是强制性，即检察机关的法律监督具有法律效力，以国家强制力为保证。首先，法律监督的性质、功能和定位，综合起来构成了检察机关的法律监督与其他监督形式的区别，反映了它所具有的独特的性质，表明了它具有与其他监督形式不能相互替代的功能和地位。其次，法律监督只是监督体系中的一部分，与其他监督形式具有一定的联系，既要发挥其独特的监督职能，又要与其他监督形式互相配合，互相制约，以便发挥出我国监督体系的整体效能。最后，我们既要认识到检察机关的法律监督具有重要的作用，是我国社会主义法制中不可缺少的环节，也要注意到它的作用是有限度的，既受法律的限制，也受主观和客观条件的限制。五是程序性，即检察机关实行法律监督必须遵循法定的程序，同时监督的效力也主要是启动相应的司法程序。

〔2〕 参见沈德咏：《中国特色社会主义司法制度论纲》，人民法院出版社 2009 年版，第 202 页。

西方之模式或经验，而要深入把握我国运行之实际才能真正理解我国刑事司法决策模式，也才能进一步分析模式现存之困境，进而提供改进之“良方”。

第三章

刑事司法决策之实际

考察我国司法权的运作情况，尤其是整个刑事司法决策机制的运行状况，绝不能只从法律文本和法律原则出发并仅以此为分析依据，还必须结合我国刑事司法过程中的各种制度安排与实际运行状况予以分析。正如美国学者博登海默所说："一国的法律制度好比像一架结构复杂的机器，对这一部机器性能的了解，你决不能只看说明书，而必须通过实际的操作。"[1]而一部复杂的机器必然又是由很多零部件组成的，并且零部件又必须是按照一定规程进行组装进而实现良好运行的。恰如我国刑事司法决策机制一样，任何决策过程的实际运作必须是在一定的机构设置与制度框架内得以实现的，刑事司法决策过程中同样不能缺少机构设置与制度框架。

第一节　刑事司法决策机构设置

审判机关和检察机关为了有效履行审判职能和法律监督职能，必然设立了若干内部机构以服务于其职能的履行。而这些内部机构则根据其履行的司法职责的不同往往可分为三种类型。一类是决策性机构。通常包括法院院长及审判委员会、检察长

〔1〕［美］博登海默：《法理学——法律哲学与法律方法》，邓正来译，中国政法大学出版社2001年版，第221页。

及检察委员会；一类是业务性机构。即具体执行审判和检察业务的各种职能部门；一类是行政服务和保障性机构。通常包括政治性工作、秘书与综合协调工作、财务装备工作、教育训练工作以及外事等工作部门。当然对于这些职能机构的划分只是一种学理方面的界定，而人民法院、人民检察院的机构设置则由专门的两部法律即《人民法院组织法》和《人民检察院组织法》予以规定。而这些具体执行各种审判、检察职能的业务机构则构成了审判机关和检察机关的主体。

一、审判机关的职能机构

（一）审判决策组织

根据我国《宪法》和《人民法院组织法》的明确规定，审判组织是指法院在审判案件是所组成的组织形式。而根据人民法院组织法和刑事诉讼法的规定，人民法院的审判决策组织主要有独任庭、合议庭、审判委员会三种形式。

独任庭是由审判员一人进行审判简易案件的组织形式。依照刑事诉讼法的法律规定，独任庭审判的刑事案件包括第一审的刑事自诉案件和其他轻微的刑事案件。

合议庭则是由 3 名以上奇数位审判员或者审判员与人民陪审员组成的集体进行案件审判的组织形式。依照人民法院组织法和刑事诉讼法的规定，人民法院所审理的第一审刑事案件，除一部分简易案件由独任审判庭审理之外，其余的一审案件均由审判员 3 人或由审判员和人民陪审员共 3 人组成合议庭进行审判；二审案件、再审案件和死刑复核案件则全部由合议庭进行审判。合议庭是人民法院审判案件的基本审判组织，其成员不是固定不变而是临时组成的，并且由院长或者庭长指定其中一名审判员担任审判长。在院长或者庭长参加审判案件的情况下则由自己担任审判长。当合议庭评议案件时，如果出现意见分歧则按规定应当少数服从多数，但是应当将少数人的意见记入评议笔录，并且由合议庭的组成人员全部签名。而对合议庭的不同意见是否应当写入判决书，目前我国的裁判文书要求中并未对此予以强制性规定。

审判委员会是人民法院内部对案件审判进行集体领导、决策的组织形式，是人民法院内部按照“民主集中制”原则设立的审判组织。《人民法院组织法》第10条规定：“各级人民法院设立审判委员会，实行民主集中制。审判委员会的任务是总结审判经验，讨论重大或疑难案件和其他有关审判工作的问题。”审判委员会作为我国司法制度的重要组成部分和司法审判的决策机构，在保证各级人民法院审理案件的审判质量、发挥审判人员的集体智慧以及保证审判民主等方面，起着非常积极的作用。审判委员会是法院内部具有最高权力的审判组织，最高人民法院审判委员会是国家的最高审判组织。《人民法院组织法》第10条规定：审判委员会有权讨论重大或者疑难的案件和其他有关审判的工作。由此可见，尽管审判委员会不直接主持或者参加法庭的庭审过程，却实际上承担着案件的审判职能。1993年出台的《最高人民法院审判委员会工作规则》明确规定：最高人民法院审判委员会的性质是“国家最高审判组织”；1999年最高人民法院印发的《人民法院五年改革纲要》明确指出：审判委员会是“法院内部最高审判组织”。根据相关法律规定，审判委员会的职权和功能主要为：决定法院院长在担任审判长时的回避问题；讨论重大、疑难案件以及院长认为需要提交审判委员会讨论的案件；各级人民法院院长对本法院已发生法律效力的判决、裁定，如果发现事实认定或法律适用确有错误，必须提交审判委员会讨论决定；讨论、决定本院有关审判工作的其他事项等。而最高人民法院审判委员会除行使以上职权外，还有讨论、通过院长或副院长提请审议的司法解释草案；讨论、决定《最高人民法院公报》上刊登的司法解释和案例等职权。

而对于法院审判委员会制度所存在的问题，一般受到的指责便是：审判委员会作为法院内部对重大疑难案件拥有决定权的权威审判组织，往往单靠听取承办法官口头汇报的方式，就对案件事实认定和法律适用问题作出最终的决定，并且甚至可以强行改变合议庭的裁决意见。另外，审判委员会的这种讨论决定案件的程序几乎是不公开、不透明的，使得回避制度、法庭质证制度、辩护制度、直接和言词原则、评议制度等所有旨在规范法庭审判的诉讼原则和制度全部形同虚设，而无法起到对法庭审理程序的规范作用。除此之外，审判委员会委员在审议案件时其所获取案件的事实信息来源并不完整，甚至都无法了解到合议庭其他成员的意见，更难以获悉控辩双方的真实诉讼主张与争议焦点。审判委员会委员大多是负有行政管理职责的官员，尽管有较高的行政级别，但对所讨论的案件未必拥有法律专业上的优势，因为经常会出现大多数“外行委员”讨论一个专业法律问题的情况。显然这些情形的存在也会影响审判委员会所作司法决策的科学性和可靠性。[1]最高法院在“第二个五年改革纲要”中将审判委员会制度的改革列为法院改革的重要课题。而按照最高法院的改革设想，最高法院、高级法院和中级法院的审判委员会都将设置刑事专业委员会和民事行政专业委员会，以确保资深法官能够进入审判委员会。并且逐步将审判委员会的讨论程序由会议制改为审理制，进而使审判委员会委员通过组成合议庭的方式来行使对那些重大、疑难、复

〔1〕 陈瑞华：《刑事诉讼的前沿问题》，中国人民大学出版社 2005 年版。

杂或具有普遍法律意义的案件的审判权。无论是地方法院还是最高法院，都是将加强专业化、减弱行政层级化、确保委员组成合议庭等作为改革审判委员会制度的方向。然而，审判委员会是由院长、副院长、庭长以及少数资深法官组成的决策机构，其职责不仅仅要对部分案件行使讨论决定权，而且还要总结审判经验、制定规范性文件以及决定法院内部的重要管理事项。同时，“审判委员会委员”也绝不仅仅是一种单纯的专业称谓，更是一种具有较高级别行政职务的象征。显而易见，不管审判委员会制度将发生怎样的变革或重新设置，只要这一机构的组成方式并不从根本上发生变更，而且只要法院系统内部仍保留院长、副院长、庭长、副庭长等行政职务系列，那么审判委员会无论如何都不可能变成一种具有“合议庭”属性的裁判组织，而将注定保持其法院系统内部“行政会议式”的基本特征。

而在审判委员会仍然保持其行政决策机构属性的前提下，这一机构讨论决定案件的程序同样也不可能改变其所具有的“行政审批”的基本特征。这是因为通常情况下办案法官作为承办人，在行政级别上往往比审判委员会中的任何一名委员都要低（排除院长、庭长作为主审法官的情形，因为他们主审的案件毕竟是少数）。面对审判委员会这一由法院高层领导（院长、副院长、专职委员）以及中层领导（主要业务庭的庭长）组成的机构，承办法官在委员会上所做的口头汇报，与他们向院长、副院长、庭长（以下简称“院庭长”）所做的口头汇报，往往并没有任何实质性的区别。而审判委员会进行讨论案件和院庭长进行审批案件一样，都往往按照一种上令下从的方式进行行政决策，并且都可以对承办法官的裁判结论予以变更，而对于审判委员会的决定和院庭长的审核意见，承办法官一般都要服从和接受。

（二）审判管理机构

审判管理机构是法院的最基本的组织构成，是法院得以日常运转之基本保证。法院的审判管理机构根据法院层级之不同可以将其划分为最高人民法院审判管理机构和地方各级法院审判管理机构。

最高人民法院作为国家的最高审判机关，在新中国成立之初其管理机构主要内设了刑事审判庭、民事审判庭。自 1954 年《法院组织法》颁布以来则逐渐形成目前的现有体制，即除了设置审判委员会、刑事庭、民事庭、办公厅等机构之外，到 20 世纪 80 年代又增设了行政审判庭、经济审判庭、交通运输审判庭、告诉申诉庭、人事厅、监察室、司法行政厅、教育厅等机构，这些机构实现了集审判与司法行政于一体之目的。而进入 21 世纪之后，将经济审判庭、交通运输审判庭合并到民事审判庭，形成刑事审判庭、民事审判庭、行政审判庭的基本格局，但各审判庭又分为了多个庭。例如，民庭分四个庭，刑庭分三个庭，死刑复核收回后又增设了三个刑庭。其主要职能是：第一，对地方各级人民法院和专门人民法院的审判工作进行监督，对于地方各级人民法院和专门人民法院已经发生法律效力的判决和裁定，如果发现其确实存在错误，有权直接提审或者指令下级法院再审；第二，可以审判三类案件，包括法律规定由其管辖的以及其认为应当由自己审判的第一审案件，〔1〕对高级人民法院、专门人民法院判决和裁定上诉和抗诉的案件，最高人民检察院按照审判监督程序提出的抗诉案件；核准判处死刑的

〔1〕《刑事诉讼法》规定，最高人民法院管辖的第一审刑事案件是全国性的重大刑事案件。《民事诉讼法》规定，它管辖的第一审民事案件和经济纠纷案件是全国范围内有重大影响的案件。《行政诉讼法》规定，它管辖的第一审行政案件是全国范围内重大、复杂的案件。

案件；[1]第三，进行司法解释；领导和管理全国各级人民法院之司法行政工作。

而地方的各级人民法院管理机构又可分为：第一，基层人民法院一般设刑事审判庭、经济审判庭、民事审判庭和行政审判庭等，另外则根据地区、人口以及案件的情况设立若干人民法庭。其职能主要包括：审判刑事、经济、民事和行政案件的第一审案件，对于不需要开庭审判的民事纠纷和轻微的刑事案件进行处理。对于人民调解委员会的工作开展指导，并对人民来信与人民来访予以处理和接待。第二，中级人民法院一般设刑事审判庭、经济审判庭、民事审判庭和行政审判庭等，其主要职权包括：审理法律规定由其管辖的第一审案件，[2]基层人民法院移送的第一审案件，对基层人民法院判决和裁定的上诉案件和抗诉案件，人民检察院按照审判监督程序提出的抗诉案件，监督辖区内基层人民法院的审判工作。第三，高级人民法院一般设刑事审判庭、经济审判庭、民事审判庭和行政审判庭等几个内部机构，其主要职权包括：审判法律规定由其管辖的第一审重大或复杂的刑事案件、民事案件和行政案件，下级人

[1] 《刑事诉讼法》规定，中级人民法院判处死刑的第一审案件，被告人不上诉的，应当由高级人民法院复核后，报请最高人民法院核准。高级人民法院判处死刑的第一审案件被告人不上诉的和判处死刑的第二审案件，都应当报请最高人民法院核准。

[2] 按照《刑事诉讼法》的规定，中级人民法院管辖的第一审刑事案件是：①危害国家安全案件；②可能判处无期徒刑、死刑的普通刑事案件；③外国人犯罪或者我国公民侵犯外国人合法权益的刑事案件。按照《民事诉讼法》的规定，中级人民法院管辖的民事案件是：重大的涉外案件；在本辖区内有重大影响的案件；最高人民法院指令中级人民法院管辖的案件。按照《行政诉讼法》的规定，中级人民法院管辖的第一审行政案件是：确认发明专利权案件；海关处理的案件；对国务院各部门或者省、自治区、直辖市人民政府所作出的具体行政行为提起诉讼的案件；本辖区内重大、复杂的案件。

民法院移送审判的第一审案件，对下级人民法院判决和裁定的上诉案件和抗诉案件，海事法院所在地的高级人民法院则有权审判对海事法院的判决和裁定上诉的案件，人民检察院按照审判监督程序提出的抗诉案件，复核中级人民法院判处死刑的、被告人不上诉的第一审刑事案件，复核中级人民法院判处死刑缓期二年执行的案件。监督辖区内下级人民法院的审判工作。对下级人民法院已经发生法律效力的决定和裁定，如果发现确有错误，有权提审或者指令下级人民法院再审。其中，专门人民法院是人民法院组织体系中一个比较特殊的组成部分，是具有专门性质的审判机关。它是按照特定部门或者针对特定案件而设立的，管辖与该部门有关的案件或特定案件。第四，基层人民法院的派出机构。基层法院根据辖区面积、人口以及案件状况等设立人民法庭，人民法庭作为人民法院“基层的基层”，植根于人民群众且与人民群众接触最广、联系最紧。人民法庭所审理的案件大多适用简易程序，操作起来简便快捷，审理案件的地点具有灵活性，要么在法庭驻地，要么在田间地头，要么在农村院所，尽可能减少人民群众来回奔波之苦。数十年来，人民法庭通过不断的改革与实践，创造了许多司法为民的新鲜经验和有效措施。如“上门立案”“就地庭”“巡回审理”“流动法庭”等，及时有效地为人民群众排忧解难，使人民群众切身感受到“人民司法为人民”的优良传统，是一项具有中国特色的司法设置。

二、检察机关的内设机构

（一）检察决策组织

我国《宪法》和《人民检察院组织法》中明确规定，检察组织是履行检察职能的组织形式，也是履行检察职能之必要依托。根据《人民检察院组织法》和《刑事诉讼法》之规定，人民检察院的检察决策组织包括检察长和检察委员会，检察长和检察委员会是我国检察机关的决策机构。从世界范围来看，各国检察机关内部决策体制通常均实行检察长负责制，由检察长对检察机关的工作予以统一领导并进行决策。在这一前提之下，又可划分为两种类型：一是检察长负责制，[1]另一种是检察长负责与集体领导相结合的决策体制。显然，我国检察机关实行的是内部决策体制属于后一种类型。检察委员会制度是人民检察院在检察长主持下的议事决策机构，其主要任务就是按照民主集中制原则就重大案件和其他重大问题进行讨论和决定。[2]其最大的特点就是将检察长负责制与集体领导民主决策制结合在一起，从而使二者的长处均得以发挥，同时又使两种制度之间实现相互制约。现行的《人民检察院组织法》第3条规定，“检察长统一领导检察院的工作”。“各级人民检察院设立检察委员会。检察委员会按照民主集中制原则，在检察长的主持下，讨论决定重大案件和其他重大问题。如果检察长在重大问题上与检察委员会多数人的决定不一致，可以报请本级人民代表大会常务委员会决定。”与此同时，人民检察院还设副检察长以协助检察长之日常工作。根据分工之不同，他们主要负责某个方面的检察工作，或负责检察院的日常事务。而检察委员会则是依据《人民检察院组织法》而设立，是我国各级检察机关实行

---

〔1〕 检察长负责制是由总检察长或检察长统一负责检察机关的工作，以总检察长或检察长的名义作出决定。即使有集体讨论重大问题的制度，但集体意见只对检察长起咨询作用，对于一切重大问题，检察长具有最后的决定权。多数国家采用的是这种体制。其优点是权力集中、权责明确、行动迅速、效率较高，其弊端主要是容易导致独断专行。

〔2〕 罗树中：“检察委员会科学决策机制研究”，载《中国刑事法杂志》2011年第1期。

集体领导，讨论决定重大案件和检察工作中其他重大问题的机构。目前我国检察机关的检察委员会是人民检察院内部实行集体领导决策的最重要的组织形式，是一项具有中国特色的检察制度。检察委员会的职责是：第一，审议、决定在检察工作中贯彻执行国家法律、政策和本级人民代表大会及其常务委员会决议的重大问题。第二，审议、通过提请本级人民代表大会及其常务委员会审议的工作报告、专题报告和议案。第三，研究检察工作中所出现的新情况、新问题，并进而总结检察工作中的经验。第四，最高人民检察院检察委员会审议、通过检察工作中具体应用法律问题的解释以及有关检察工作的条例、规定、规则、办法等；省级以下人民检察院检察委员会审议、通过本地区检察业务、管理等规范性文件。第五，审议、决定重大、疑难、复杂案件。第六，审议、决定下一级人民检察院提请复议的案件或者事项。第七，决定本级人民检察院检察长、公安机关负责人的回避。第八，其他需要提请检察委员会审议的案件或者事项。

检察委员会制度是一种集体决策、集体领导的制度，其与检察长个人负责制实现有机结合，形成了中国特色的检察机关内部领导决策体制。这种决策体制的意义主要在于：首先，它既能保证因集体领导而避免出现决策之偏差，进而由集体决策形成对个人行为之有效制约，又能保证对于检察长权威之尊重，使他虽然不能针对多数人的意见予以直接否定，但又赋予其采用提请同级人大常委会研究的方式，通过人大常委会的决定来实现对多数委员意见之否决。由此可见，这种制度设计既有利于防止出现单一首长制的独断专行，发生在重大决策上的思虑不周；又有利于避免只讲民主，进而忽略检察一体制所需要的检察长之权威。其次，这一机构设置与我国国家机关运作的总体方式相协调。我国国家机关体制运作的重要特点之一便是实行民主集中制与个人负责制相结合，并基于此而与西方类型的多元制衡体制相区别。检察体制中的单一首长负责制与我国检察机关之性质、总体的体制背景不太吻合，而实行检察长负责制与检察委员会制度相结合，则是比较恰当的选择。

我国检察委员会制度在整个检察制度建设之中具有极其重要的地位和作用，对其多年来所发挥的功能和价值应予以充分肯定。然而，必须应当看到我国现存的检察委员会制度尚不完善，实践运行中也存在着一定的问题，如在人员构成方面存在专业化程度不高的问题，在检察委员会议事程序和规则方面存在程序化、规范化不足的问题，同时还存在因公开性不够而导致缺乏监督等方面的不足。具体而言，检察委员会现存的问题主要包括以下几个方面。第一，检察委员会组织结构方面。委员配置方面并不合理，如组成人员应该包括检察机关中的业务精英，以便服务于议事决策功能之需要。而目前检察委员会委员的任用则更加强调职务、级别、资历等方面，从而对人选之业务素质及议事能力关注不够。除此之外，检察委员会委员的身份和地位更加趋向于行政待遇化；委员并没有任期限制，不能实现合理的变动，因此难以满足组织优化之要求；检察委员会专职委员的职权与职责定位不明。[1]第二，检察委员会议事活动方面。议事决策程序方面存在形式化，检察委员会在对议题进行讨论时，通常采取一种汇报、发言、讨论的方式，讨论具有形式化的倾向。而形式化的后果便是在一定程度上将其沦为了一个分担责任的工具，存在委员权责不对等之状况，从而出现人人负责又人人无责的局面。除此之外，检察委员会指导

〔1〕 罗树中：“检察委员会科学决策机制研究”，载《中国刑事法杂志》2011年第1期。

作用的发挥并不充分，讨论的议题主要集中于个案而非类案，具有普遍指导性的意见少而针对个案的处理意见多，不能真正发挥其指导性作用。[1]第三，检察委员会运行效果方面。检察委员会对于案件进行讨论不仅使决策层次增加，而且还使决策时间延长了，进而降低了诉讼效率和减损了司法效益。委员们往往缺乏司法活动之亲历性，通常仅仅依靠承办人对于案情的汇报而作出决策，而决策的论证评估机制、智囊系统和信息反馈系统的缺失导致其决策科学化的缺失。除此之外，检察委员会决定的执行力也并不强。[2]随着我国依法治国方略的实施，为了使检察工作满足新形势的需要，对检察委员会制度提出新的、更高的要求势在必行，因此需要对检察委员会制度实行进一步的改革完善。

（二）检察职能机构

检察机关的职能呈现出一种多样化并存在交叉的特点，既有对部分犯罪的侦查职能，又包括对大部分罪名的公诉职能和监督职能等。各种职能都具有其自身独有的特点，因此由同一个主体来行使多项职能便往往会造成一种交叉和冲突的现实。基于此种情况的存在，为避免各种职能之间相互交叉进而缓解冲突，在机关内部设立不同的职能机构或部门对各种职能进行划分则显得十分必要。与此同时，检察机关行使的各种职能之间往往还存在着监督与制约的问题。如检察机关自侦案件中的侦查行为同样也要受到其自身的监督和控制。这种内部的监督制约机制如要实现良好运行，必须依靠检察机关内部不同机构

---

〔1〕 罗树中："检察委员会科学决策机制研究"，载《中国刑事法杂志》2011年第1期。

〔2〕 罗树中："检察委员会科学决策机制研究"，载《中国刑事法杂志》2011年第1期。

的设立才能得以运行。

检察机关经过多年的改革与探索，各级人民检察院通常会设立以下检察业务机构和综合业务机构。第一，侦查监督机构。对公安机关、国家安全机关和人民检察院侦查部门提请批准逮捕的案件审查决定是否逮捕，对公安机关、国家安全机关和人民检察院侦查部门提请延长侦查羁押期限的案件审查决定是否延长，对公安机关应当立案侦查而不立案的或者不应立案而立案的行为进行监督，以及对侦查活动是否合法进行监督。第二，公诉机构。对公安机关、国家安全机关和人民检察院侦查部门移送起诉或不起诉的案件审查决定是否提起公诉或不起诉，出席法庭支持公诉，对侦查活动和人民法院的审判活动实行监督，对确有错误的刑事判决、裁定提出抗诉以及对死刑执行进行临场监督等。第三，监所检察机构。对执行机关执行刑罚的活动，减刑、假释、保外就医等变更执行和对监狱、看守所、劳动改造机关的活动是否合法以及对超期羁押进行监督；对刑罚执行和监管改造过程中发生的虐待被监管人案，私放在押人员案，失职致使在押人员脱逃案，徇私舞弊减刑、假释、暂予监外执行等案件进行立案前调查、侦查、批捕和起诉。第四，民事、行政检察机构。对民事经济审判、行政诉讼进行监督；对人民法院已经发生法律效力的，确有错误的民事、经济、行政判决和裁定，按照审判监督程序提出抗诉；对人民法院（庭）审理的，人民检察院抗诉的民事、经济、行政案件，出庭履行职务；对在办理申诉案件过程中发现的审判人员受贿案，民事、行政枉法裁判案，执行判决、裁定失职案，执行判决、裁定滥用职权案进行侦查。第五，控告、申诉检察机构。主要业务工作是受理控告、申诉案件，处理来信、来访事务。承办受理、接待报案、控告和举报，接受犯罪人的自首；受理不服人民检察院不批准逮捕、不起诉、撤销案件及其他处理决定的申诉；受理不服人民法院已经发生法律效力的刑事判决、裁定的申诉；受理人民检察院负有赔偿义务的刑事赔偿案件等工作。2000年最高人民检察院实行控告、申诉两项业务分立，分别由刑事控告厅和刑事申诉厅负责。第六，法律政策研究机构。主要工作是参与立法及法律的修订，研究起草有关检察机关适用法律问题的司法解释、协助检察长和检察委员会解决法律政策适用中的疑难问题和重大疑难案件。第七，检察技术机构。主要工作是对案件证据进行技术检验、鉴定、复核等。承办对有关案件的现场进行勘验，收集、固定和提取与案件有关的痕迹物证并进行科学鉴定，对有关业务部门办理案件中涉及技术性问题的证据进行审查或鉴定等工作。最高人民检察院除上述各机构外，还设立了铁路运输检察厅，对铁路运输检察分院和基层铁路运输检察院实行业务指导并依法办理铁路运输系统的案件。

第二节　刑事司法决策基本制度

刑事司法机构的存在只是为整个刑事司法决策机制提供了一台零件完备的机器，而这台机器如果要实现良好运行，则必须按照一定的规程进行操作才可以实现。正如一台电脑不仅要有优质的硬件配置得以组装完备，而且还要有良好的软件程序保证其正常操作。而刑事司法决策活动的操作规程和软件程序便是刑事司法决策的相关制度设计。

一、案件请示制度

关于案件请示制度究竟起源于何时，学界目前并没有形成统一性的意见。有的学者认为，案件请示制度“在中国古代的审判活动中已有其身影”；有的认为其可以追溯至清朝末年，是

“清末变法的附产品”；也有人认为案件请示制度的真正出现是在民国时期；还有人认为案件请示制度是新中国成立后的新生事物，“伴随新中国司法制度的产生而产生的”。[1]尽管对于案件请示制度的源起，学界目前尚未达成共识。但毋庸置疑的是案件请示制度必然与我国的历史传统与文化土壤之间存在密不可分的关系，并且案件请示制度发展至今其本身的内涵也可以分为广义和狭义两种层面的意义。

广义层面的案件请示制度之所以称之为广义，主要是因为其所包含的主体不仅限于审判部门，同时还包括侦查部门、检察部门等。第一种情形是指侦查部门对其上级的请示。在刑事案件受理之后，具有刑事侦查权的侦查部门可能会对某些案件存在把握不准的情况，对于案件的当事人是否需要申请逮捕难以作出抉择，对于所要移送起诉的案件在性质、事实、证据等某个或某些方面仍存在疑问，在尚未移送起诉或者正式提请之前，以口头或书面等各种形式向批捕、起诉部门或相关负责人所进行的一种非正式的汇报、请示行为，由这些部门或其负责人在对案件进行权衡之后再作出应否逮捕或者是否移送起诉的决定。第二种情形是指起诉部门向其上级请示。起诉部门在接收并审查侦查机关或侦查部门所移送的审查起诉的刑事案件之后，在尚未制作正式起诉书向法院进行起诉之前，通过书面或

---

〔1〕“通过对历史的考察，我们可以发现，中国古代的审判活动中已有其身影。”（陶涛：“论我国个案请示制度”，湘潭大学2010年硕士学位论文。）“在我国，案件请示制度并非今时所独有，其滥觞可以溯源至清末，是清末变法的附产品。”（万毅：“历史与现实交困中的案件请示制度”，载《法学》2005年第2期。）“案件请示制度应当从民国时期开始说起。”（寇慧慧：“案件请示制度之批判”，广东商学院2010年硕士学位论文。）“案件请示制度是伴随新中国司法制度的产生而产生的，是我国人民法院多年形成的惯用工作方式。”（樊荣：“关于案件请示制度的若干思考”，载《江苏教育学院学报》2005年第5期。）

口头等形式向其上一级起诉部门或者法院刑事审判庭的相关负责人就案件事实或性质等难以把握的问题进行请示，并由其权衡之后进而作出是否起诉的决定。第三种情形是指审判部门向其上级请示。案件请示制度在审判机关办理案件过程中存在两种主要表现形式。一种是法院各职能审判部门为防止再审程序的发起或者面临被发回重审乃至改判之风险，办理案件时对于审理后的案件在事实认定及定性量刑等问题上仍然存在把握不准的情形，在作出判决之前先向上级审判机关相对应的审判部门负责人进行请示和汇报并由其权衡后再作出判决。另一种是下级审判部门的案件被上级审判机关统一提案上来，在权衡之后再发给下级审判部门审理并作出判决的情形。

而对于狭义层面的案件请示制度，有学者认为是指下级法院在案件审理过程中，就案件的程序问题或实体处理以口头或书面的形式向上级法院请示，上级法院予以答复的制度。[1]但应该注意的是，案件请示制度不仅限于指代法院系统内部下级法院向上级法院进行案件请示的情形，而且也应该涉及在同一法院的内部进行逐级请示的情形。事实上，同一法院内部进行的逐级请示是基础，而下级法院向上级法院的请示是一种延伸。如果没有法院内部的逐级请示，也就不可能出现下级法院向上级法院请示的情形。除此之外，向上级法院请示往往也不是下级法院之唯一选择，向同级党委及其政法委员会请示也是法院予以考虑的选择。[2]基层法院的案件承办法官如果在案件审理过程中认为在事实认定或法律适用方面确实存在疑难问题，经

〔1〕 万毅：“历史与现实交困中的案件请示制度”，载《法学》2005年第2期。

〔2〕 侯猛：“案件请示制度合理的一面——从最高人民法院角度展开的思考”，载《法学》2010年第8期。

过合议庭进行评议之后，继而将案件提交审判长联席会进行讨论，如果仍然不能解决问题，需要再经过审判委员会进行研究，最终决定是否需要向中级法院进行请示。如果基层法院的审委会最终决定需要向中级法院进行请示，则由案件承办人进行书面报告的写作，把案件的全部案由、整个审理过程、认定的事实、所运用到的证据、所适用的法律以及各种观点和理由写清楚，除此之外还要附上原审案卷移送至中级法院的立案庭，然后由立案庭根据案件的性质分别移送至相关的审判庭。中院相应审判庭的法官则进一步组成合议庭通过阅卷，对其进行书面审查。经过审查通常可能会形成两种结果：一是合议庭认为该案并不符合请示案件的范围和条件，合议庭的审判长上报庭长同意后，则将该案退回至基层法院；二是合议庭如果认为该案符合请示案件的范围和条件，并且已经形成多数意见的，则必须将该意见呈报审判委员会进行讨论，以审委会的多数意见作出批复。如果中级法院的审委会仍不能对此作出决定的，则需要继续向其上级法院即高级法院进行请示，部分特别疑难案件还可能经由高级法院向最高法院进行请示，并最终形成最高法院的批复或答复，该批复则具有司法解释的效力。

案件请示制度的真实目的一方面是为了避免出现在一些程序上的反复，从而能够节省整个诉讼的成本；另一方面，从某种程度上又能够尽量保证案件审理之合法性和正确性。然而，案件请示制度在法院系统内部直接发生变形成了院庭长审批制。在中国各级法院内部，对于院庭长审批案件这一做法虽然并没有任何成文法对此作出直接规定，但它却已成为长期得到遵守的一种司法决策方式。所谓“院庭长审批案件”，是指法院的院长、副院长、庭长、副庭长在并不参与合议庭案件审理的前提下，对其他法官负责审理之案件的裁判结论进行审查批准，或者对其他法官所作出的裁判文书进行审核并予以签发的活动。而按照现任最高法院副院长江必新的观点，“现实中，庭长、院长对审判工作的组织、协调、指导、监督的职责往往被浓缩或异化为对案件的把关权和对裁判文书的审核签发权。这种做法，事实上将庭长、院长的管理、监督权变成了不具有正当程序的审批权，变成了个人凌驾于审判组织之上的法外特权”〔1〕。按照目前现行之法院管理体制，法院院长不仅是法院内部行政级别最高的官员，负责法院内部的日常行政管理工作，而且也是对案件的司法裁判拥有最终审批权的法官。在院长之下，法院通常还设有多个副院长，他们则分别拥有对刑事审判、民事审判、行政审判、执行等工作的行政审批权。对于影响较大或存在意见分歧和争议而又不需要经过审判委员会进行讨论决定的案件，主管此类案件的院长则往往会直接提出自己的意见作为裁判意见。对此意见，无论是合议庭成员还是该庭的庭长，一般都不会再提出异议而是直接予以接受和服从。坦诚而言，近年来一些法院对其分管院长所拥有的审批权也进行了一定程度的限制。分管院长一般不可对合议庭或庭长所报送审批的案件直接予以改变，如果发生分管院长与合议庭意见不一致的情形之时，分管院长有权要求合议庭对案件进行“重新评议”。如果裁判意见仍然难以统一，则案件便需要提交审判委员会进行讨论以作出最终决定。而在院长和副院长之外，各庭庭长的行政级别虽然在院长、副院长之下，但却高于普通的法官。庭长作为审判庭日常行政事务之决定者，其有权力召集“庭务会议”，同时也有权力在各承办法官之间分配案件，并有权力决定案件合议庭人员之构成。对于本庭法官所审理的案件，庭长对其拥

〔1〕 江必新：“论合议庭职能的强化”，载《人民法院报》2002年9月18日。

有审核签发裁判文书之权力，同时还可以通过召集庭务会议对由其他法官承办的案件进行讨论，如果发生意见分歧之情形，则可以决定是否提交审判委员会进行讨论。庭长除了要负责本庭审判的日常行政事务和对其他法官承办的案件进行行政审批之外，有时还要亲自作为承办法官审判一定数量的案件，这既是满足其庭长职务之需要又是考虑其法官身份之要求。然而，与普通法官相比，由庭长负责承办的案件数量往往是明显偏低的，这种安排被视为保证庭长主持“全面工作”之需要。

法院系统内部虽然依旧按照如此的模式进行运作，但对于院庭长审批案件制度，无论是法学界还是大多数法官，一直都存在批评和否定的声音。大法官江必新就曾尖锐地指出：“（院庭长审批案件）这种做法，不仅容易造成审判职责不清，影响司法效率，而且成为司法腐败、司法不公的一个源头。”〔1〕也有研究者认为，院庭长对案件进行审批，难免会造成承办人和合议庭其他成员需要通过行政报批之后才会作出一些具体裁判，如此便造成审理权与裁判权二者之间的分离，使得“审者不判、判者不审”的顽疾难以根除。〔2〕不仅限于此，如果院庭长只是通过行政审批的方式进行司法决策，那么必然会规避公开、透明的审判程序，无论是回避制度、合议制度、陪审制度，还是辩护制度、证据规则等，都难以得到实施。

对于院庭长审批案件制度所存在的缺陷和问题，最高人民法院的改革决策者们也早已经意识到，并采取了一系列的改革措施对这一制度作出改进。例如，最高人民法院《第一个五年改革纲要》就指出“审判工作的行政管理模式，不适应审判工

〔1〕 江必新：“论合议庭职能的强化”，载《人民法院报》2002 年 9 月 18 日。

〔2〕 蒋惠玲：“管理层面上的合议庭负责制”，载《人民法院报》2008 年 2 月 26 日。

作的特点和规律，严重影响人民法院职能作用的充分发挥”，并强调在建立审判长负责制的前提下，“做到除合议庭依法提请院长提交审判委员会讨论决定的重大、疑难案件外，其他案件一律由合议庭审理并作出裁判，院、庭长不得个人改变合议庭的决定”，同时推行“院长、副院长和庭长、副庭长参加合议庭并担任审判长审理案件的做法”。[1]又如，根据最高人民法院《第二个五年改革纲要》，院长、副院长、庭长、副庭长的审判管理职责和政务管理职责要得到强化，应“建立法官依法独立判案责任制，强化合议庭和独任法官的审判职责。院长、副院长、庭长、副庭长应当参加合议庭审理案件。逐步实现合议庭、独任法官负责制”[2]。

然而，经过最高法院这么多年的大力改革推动，院庭长审批案件制度的实际运行是否能得以清除？那种强调合议庭和独任法官独立审判之改革目标又能否得以实现？依据目前状况来看，最高人民法院虽然针对法院组织制度的改革已经作出了很大的努力，但对于那种上令下从、垂直领导的司法决策机制却并未从根本上予以触动，也并未从根本上改变法院院长、副院长、庭长、副庭长以及普通法官相互之间的固有职务关系。按照现行的法院管理体制，法院院长、副院长、庭长、副庭长是一种按照行政级别的高低而进行的行政职务的设置，而“审判员”“助理审判员”甚至“法官”的称号也逐渐变成了一种“审判职称”。具有较高行政级别和行政职务的法官，对于作为其“下属”的法官，往往能够直接影响甚至决定其在职务上的晋

〔1〕 最高人民法院：“人民法院五年改革的纲要”，载《人民法院报》1999年10月20日。

〔2〕 最高人民法院：“人民法院第二个五年改革的纲要（2004~2008）”，载《人民法院报》2005年10月26日。

升。例如，法院院长对本院的审判员、助理审判员的职务，就拥有向当地人大常委会进行提名和建议的权力，而这种提名和建议权则属于各级人大常委会人任命法官的必经程序。

苏力曾经说过："制度的形成如果不是理性设计，也并不意味着完全是随机的，无需任何条件的。"〔1〕在我国，案件请示制度虽在立法上并无明文规定，但这一制度在实践中由来已久，并已固化为法院的一种办案方式和审判惯例。〔2〕案件请示制度虽然可能并未经过立法将其制度化，但其长时间的存在并转变为法院固定的办案方式说明该制度固然有其缺陷和问题存在，同时也必然拥有长期存在之现实基础。案件请示制度之现实基础通常可归纳为以下几方面。

1. 相关法律制度仍处于一种不健全的状态

新中国建立前夕，中共中央决定将国民党的旧法体系彻底废除。但在对其进行彻底废除的同时，新的法律体系却并未完全建立，并且很多基本的法律都是处于一种空缺状态。改革开放以来，我国的法制建设取得了长足进步，并建立了相对完备的法律体系。并且在2011年，由时任全国人大常委会委员长的吴邦国宣布"中国特色社会主义法制体系"正式形成。据统计，"截止到2015年底，除宪法以外，全国人大及其常委会颁布现行有效的法律247件，有关法律问题的决定242件，修改批准废止法律的决定21件，修正案17件（宪法4个，刑法9个，关于香港澳门的4个），国务院颁布现行有效行政法规669件，现行有效的地方性法规9600余件，国务院部分规章3815件"〔3〕。

〔1〕 苏力：《制度是如何形成的》，北京大学出版社2007年版，第56页。

〔2〕 苏力：《送法下乡：中国基层司法制度研究》，中国政法大学出版社2000年版，第74页。

〔3〕 中共烟台市委市政府法律顾问培训会议中，山东省政法法制办工作人员宫钊会议材料。

我国虽然已颁布如此多的法律、法规以及规章等，但这仅仅只是建立法治大厦的根基和基本框架而已。我国现有的法律制度仍然有很多不完备的地方，现实与法律之间发生冲突的情形时有发生。在这种情况之下，实践中因缺少法律的规定必然会导致模糊不清的疑难案件、复杂案件大量产生。面对此种境地，在缺失类似案件可以参照的情境下，案件审理者一旦遇到在法律适用方面的难题，难免会主动向其上级进行请示，自下而上地寻求对该案的解决办法，这便为案件请示制度的存在提供了现实需求。

2. 法官的整体素质与案件审判之需求存在差距

法官通常被视为正义的化身，同时又作为法律的守护神。正如德沃金所言："法律帝国的首都是法院，而法官们则是帝国的王侯。"〔1〕由此可见，法官在法治国家的建设进程中具有极其重要的地位。法官素质的高低将直接关系着一国法治水平的高低，同时也关系到该国的司法公正和权威能否得到彰显，除此之外，还将直接关系到该国公民的权利能否得到有效保护。因此，世界各国普遍都对法官的素质提出了很高的要求。

大部分英美法系国家的法官都是从律师的佼佼者中按照严格的程序遴选出来的，如要成为法官首先必须是具有丰富的律师实务经验才具有这种资格，因此，对法官的要求通常要比律师、检察官更高。在大多数大陆法系的国家，虽然并未像英美法系国家一样设置从律师中遴选法官的制度，但是它们同样通过设置严格的选任程序和培训制度来保证法官具备极高的

〔1〕［英］德沃金：《法律帝国》，李常青译，中国大百科全书出版社 1996 年版，第 361 页。

素质。[1]以此反观我国，在2001年“法官职业化”这一概念提出之前，我国法官遴选的最主要考察因素是政治素质，而对于法律专业的知识并没有设置太高的要求。在我国现实中，退伍军人直接进入法院担任法官的情形大量发生。他们并没有专门的法律技能也欠缺专业素养，但法院尤其是基层人民法院，最终化身成为其转业和退伍接收安置单位。当然，随着我国民主法治建设进程的不断深入，国家也逐渐意识到实现法官职业化的重要性，并于2001年对《法官法》进行了修改。《法官法》修改之后提高了对法官的选任要求，对于法官的最低文化程度予以规定，还对初任法官提出必须通过法律职业资格考试的要求。虽然这对法官任职的条件和要求有所提升，但这更多的是针对以后状况的改善，对于短期内提高法官的整体素质和改变法官队伍的整体结构这一目标还是很难实现。

除此之外，如同经济发展存在地域差别和城乡差距一样，法院法官的整体素质因地域不同、层级不同也会存在较为明显的差别。在我国，大量受过系统法律教育的法科生往往更喜欢扎堆大城市或者选择留在东部沿海的发达地区，即使竞争激烈而导致相当一部分人转行从事其他行业甚至与法律不相关的职业，他们也往往更愿意坚守自己的选择。与此相对，我国中西部欠发达地区却往往面临着法律人才短缺的困境，从而致使不同地域之间的法官整体素质存在明显差别。此外，法官整体素质的另一种情形就是“法官素质梯度论”。通常而言，在我国法官的整体素质与法院层级高低成正比例关系，即法院层级越高法官的素质也相对越高。然而根据我国现有审判制度的设置，基层人民法院和中级人民法院包揽了绝大多数案件的一审、二

---

〔1〕 参见张华、王丽：“我国法官选任制度研究”，载《金陵法律评论》2004年第2期。

审程序。因而，下级法院一旦在审判中碰到重大、疑难和复杂案件时，便会通过请示的方式向上级法院寻求帮助以求获得其指示。久而久之，案件请示便成为法院日常审判工作中的一种惯例。

3. 缺乏一种统一的法律解释机制

稳定性和相对滞后性并存是法律规范所具有的一大特点，稳定性一定程度上确保了法律实施的统一性，而相对滞后性则不可避免地会导致与社会现实相脱节问题的出现。基于此种情形，为保障法律适用的统一性，建立一种统一的法律解释机制则显得势在必行，同时这也是司法公平和法治“平等”之要求。

对于解决法律适用统一性的问题，国外主要有两种经验：一种是英美法系国家主要采用判例制度以弥补成文法的不足，进而保障法律适用的统一；一种是大陆法系国家通过法官或职业共同体来实现统一法律适用的目的。而对于我国目前之法治现状，这两种解决方式都不具有产生的社会条件和法律基础。一是我国尚不存在判例制度，法律的司法解释权由最高人民法院独揽，地方各级人民法院和法官并不享有此项权力；二是法官整体素质与法律职业共同体本身就是一种互相影响的关系，而目前的法官的整体素质无法保证法律职业共同体的产生。因此，实践中下级法院或法官一旦遇到重大疑难案件或者现有法律无法应对的情形之时，通常只能选择层层上报的方式，寄希望于最高人民法院针对法律适用问题作出司法解释，而作为享有司法解释权的最高人民法院也将案件请示制度作为其统一法律适用的途径之一，默许了这项制度的存在。

4. 司法运作模式趋于行政化

司法与行政不分是我国自古以来的权力分配传统，地方首长往往直接兼理司法，而作为最高行政官的皇帝则对案件拥有不容置疑的最终裁判权。这种现象一直延续到清末修律时期，直到1910年清政府颁布《法院编制法》，司法与行政从法律上才呈现出分离之趋向。但这一“顽疾”并未因为现代法律制度的引入而得以消除和根治，反而是在中国的司法体制中顽强地存活了下来。直至新中国成立之后，1951年通过的《人民法院暂行组织条例》仍把法院作为同级政府的组成部分，受同级政府的领导和监管。[1]我国的司法制度是在原有行政化框架中构建出来的，存在固有的行政化的传统，尽管后来将法院从政府中分离出来，但其地位仍然是地方的一个机关，其人事和财政仍然受制于地方，可见行政化色彩仍然十分浓重。司法运作模式趋于行政化主要体现在以下几方面。

（1）在各级法院内部司法裁判权和行政管理权呈现出一种合一的状态。上至最高人民法院下至基层人民法院，司法裁判权和行政管理权都处于一种合二为一的状态。在普通法官之上，设有庭长、分管副院长、院长以及审判委员会等不同层级的职位和机构。所有影响重大、敏感的案件都要经过这些叠床架屋的行政性领导来审批。[2]往往呈现出一种有多大的行政权就享有多大的裁判权，即行政权决定裁判权的现实状态。只要享有更高的行政权，即使没有参与开庭审理、没有听取双方当事人的意见，也可以直接推翻合议庭、独任庭的判决意见，从而导致“审者不判，判者不审”怪现象的存在。

（2）在整个法院系统的内部，上级法院与下级法院之间同样是采取一种行政化的管理模式。尽管《宪法》和《人民法院

---

〔1〕《人民法院暂行组织条例》第10条第2款规定：“各级人民法院（包括最高人民法院分院、分庭）为同级人民政府的组成部分，受同级人民政府委员会的领导和监督。省人民法院分院、分庭受其所在区专员的指导。”

〔2〕陈瑞华：“为中国‘案件请示’把脉”，载《法制资讯》2009年第5期。

组织法》规定上下级法院之间应该是一种审判监督关系，但实践中他们之间所遵循的仍然是一种行政管理的模式。因为上级法院与地方党委、政府三者一起掌握着对下级法院的人事和财政等诸多方面的行政管理权，除此之外，上级法院对下级法院还拥有判决的审查权，并通过种种绩效考核制度严格控制着下级法院以及法官的评优、职级、奖金等。

（3）在法院系统外部，法院的司法权还要受制于所在地方的行政权力。在我国现行政治体制下，法院的人事和财政等资源在很大程度上直接受制于同级地方党委和政府，人事和财政受制于人必然导致其生存和意志上受制于人，即“谁控制了法官的生存，谁就掌握了法官的意志”，因而司法权在很多情况下对于地方行政权力的干预是无法摆脱的。在这种体制设计之下，法官在审理案件的过程中所需要考虑的，不仅仅是需要从浩繁的法律条文中发现可以适用的规则并准确适用于案件，而且往往还要考虑到行政权力的干预等一些非理性因素的制约。[1]于是，作为案件裁判者的法官会经常陷入追求司法公正与个人生存、前途发展之两难境地里。面对此种境地，办案法官为了降低来自各方面的风险，选择通过内部途径向上级法院进行请示并以此来转移或分散风险，这不失为一种最佳选择，从而也为案件请示制度提供了一种现实基础。

5. 缺乏一种科学合理的法官考评机制

科学合理的法官考评机制目前在我国还尚未建立。《人民法院组织法》作为各级人民法院进行审判活动的最重要的法律依据，对此未直接予以规定。《法官法》中虽然对法官的考评提出了一种指导性意见，但总共只有 5 项条款，因缺乏可操作性而

〔1〕 樊荣：“关于案件请示制度的若干思考”，载《江苏教育学院学报（社会科学版）》2005 年第 5 期。

难以做到具体实施。而现有的针对法官的考评制度大部分都是采取参照公务员的考核标准进行的。将公务员考核标准适用于法官的考核工作，不仅在内容方面不尽合理，而且还使得整个法官管理呈现的行政色彩更加浓厚。

近年来，对于法官的考核制度，不少地方的法院都相继出台了适用于自身的法官业绩考核办法，但考核内容却往往限于各种数据式指标的展开，其中案件的“发改率”多被作为评价法官的重要指标之一。江苏省高院在其推出的《全省法院审判质量效率统一指标体系》中就将多项案件的改判发回重审率（错误）、生效案件改判发回重审率、二审改判发回重审率（错误）、对下级法院生效案件再审改判发回重审率等纳入法院审判质量效率指标体系。湖南省长沙市中院则在其司法绩效综合评估办法中同样将一审裁判被改判发回重审率、生效案件被再审改判发改率作为了“监督和评价、考核法院工作的重要依据之一”。并且发改率的高低与法官的职务、薪金等多方面挂钩，进而直接影响到法官未来的个人发展。而根据我国现存的错案追究制度，发回重审或改判的案件都将被视为“错案”，而考核时对于错案产生的原因则在所不问。正如波斯纳所言：“判决被推翻代表的不过是纯粹的意见分歧而不是纠正什么真正的错误……问题在于，在法律高度不确定的情况下，那些希望自己的判决被推翻的概率降低到最低程度的法官们会逃避困难案件。若他们是地区法官，他们会努力避免困难案件分到自己手中，或者会把自己的判决建立在不大可能吸引最高法院注意力的基础之上。”〔1〕因此，在这种不科学的考评机制的制约下，致使不少法官面对复杂疑难案件出现畏首畏尾的情况，而为了避免错案的

---

〔1〕［美］理查德·A. 波斯纳：《联邦法院挑战与改革》，邓海平译，中国政法大学出版社 2002 年版，第 237 页。

发生进而规避职业风险，主动将案件向上级法院进行请示则成为法官的主要选择。

通过以上分析可知，案件请示制度确实拥有其存在的制度基础和现实基础，并且在新中国建立之初，人民法院系统内部确实也产生过类似案件报告请示的做法。而按照最高人民法院当时所进行的解读，采取这种做法，对于“密切上下级之间的关系，对于经验的交流和重大或疑难问题的正确处理进而避免错误是很有利的，对于提高干部素质和改进法院审判工作也都是有很大好处的”。不过，案件请示制度毕竟与法院审级独立原则相悖，为了对这种做法进行规范，新中国成立以来，最高人民法院也已经陆续出台了10个规范性文件，主要包括：①《最高人民法院关于改进案件请示工作的函》（1958年9月19日）；②《最高人民法院办公厅关于改进解答问题工作的通知》（［1964］法研字第75号，1964年9月11日）；③《最高人民法院办公室关于请示问题的通知》（［1973］法办字第004号，1973年11月7日）；④最高人民法院对上海市高级人民法院作出的《关于扣船法律程序的请示报告的批复》（［1981］法交字第3号，1981年10月24日）；⑤《最高人民法院关于报送民事请示案件有关问题的通知》（［1985］法民字第5号，1985年3月28日，该通知就民事案件请示问题重申了1973年的规定）；⑥《最高人民法院关于报送请示案件应当注意的问题的通知》（1986年3月24日）；⑦《最高人民法院经济审判庭关于请示问题注意的事项》（法经［1990］147号，1990年10月29日）；⑧《最高人民法院关于行政案件如何向上请示及加强调研工作的通知》（1990年11月17日）；⑨《最高人民法院关于报送刑事请示案件的范围和应注意事项的通知》（法［1995］151号，1995年11月30日）；⑩《最高人民法院关于审判工作请示问题的通知》（1999 年）。地方各级人民法院也结合自身实际，对案件请示做法进行了规范，如《浙江省高级人民法院关于规范内部请示的若干规定》（2006 年）、《湖南省高级人民法院关于审判工作请示与批复问题的规定》（2005 年）、《四川省高级人民法院关于请示答复工作的若干规定》（1999 年）、《江苏省高级人民法院关于加强审判监督和规范内部请示几个问题的通知》（1996 年）。

其中，在 1986 年 3 月 24 日和 1990 年 8 月 16 日最高人民法院下发《关于报送请示案件应注意的问题的通知》（以下简称《通知》）和《补充通知》之前，对报送请示的案件并未给出明确的规定，报送请示的案件范围包含了刑事、民商事、行政、执行等所有案件；并且请示的内容也不仅限于对于案件的实体处理问题，还包括案件审理程序的选择问题；不仅仅限于法律的适用问题，还包括对案件的证据分析、事实认定以及定性甚至裁判结果等方面；而对于请示所采用的方式当然也不局限于书面请示，口头请示也是可以的。因此，在两个《通知》下发之前，案件请示在我国的司法实践中是被广泛采用的，并且几乎成为法院审判工作之常态，当事人和律师也经常会听到法官关于“案件正在向上级法院请示”的托词。而且越是重大特大性质的案件，请示所存在的可能性就越大，请示的现象也就会越普遍。在两个《通知》下发之后，许多法院也积极推行针对案件请示制度的改革，对案件请示制度进行了一定的规范，使得请示的案件数量有所减少，而案件请示的内容也一般限于法律的适用问题，但往往也会存在例外。

与此同时，各地法院针对案件请示制度作出了更大的改革努力，有些地方法院已经直接宣布取消或实际上不再实行案件请示这一做法。《人民法院第二个五年改革纲要（2004~2008）》

则为取消案件请示的做法提供了一种诉讼化改造的路径。其《纲要》要求改革下级人民法院就法律适用疑难问题向上级人民法院请示的做法。对于具有普遍法律适用意义的案件，下级人民法院可以根据当事人的申请或者依职权报请上级人民法院审理。上级人民法院经审查认为符合条件的，也可以直接审理。除此之外，不少法院还对案件报送请示的条件、内容、方式及程序作了相对具体的规定，并使之制度化。根据最高人民法院的相关规定，并对各级人民法院的司法实践进行总结可知，报送请示的案件一般包括以下几个要素：第一，只能就法律的适用问题进行请示，而不能就事实问题进行请示；第二，进行请示时必须做到事实清楚。报送请示案件的事实和证据问题由报送请示的法院负责，答复的法院对事实问题一概不负责任。并且事实不清、证据不足的案件不得报送请示；第三，必须首先经过审判委员会进行讨论，并且需要形成倾向性意见；第四，请示报告中要对各方面的意见进行反映；第五，案件请示必须遵循逐级请示的原则，不得越级请示，更不能出现个人请示；第六，请示的案件必须是适用法律存在疑难问题的重大案件，或者依照有关规定应当报送请示的案件；第七，对于请示问题所作出的答复必须采用书面形式。由此可见，我国法院系统针对案件请示制度确实进行了很大程度的改革和制度规制，然而这也恰恰证明该制度在现实的刑事司法决策过程中仍然适用。

二、承办人制度

所谓“承办人”，也可以称为“承办法官”，是一种以单个法官为单位进行组织法庭审理和制作司法裁判文书的制度。根据我国现行《人民法院组织法》的规定，法院设有的两种审判组织分别是独任庭和合议庭，重大疑难案件要经过审判委员会进行讨论予以决定，而法官个人要么作为独任审判庭的法官对一些简单轻微的案件进行审理，要么作为合议庭成员之一参与到普通案件的法庭审理中。尽管法院组织法并没有直接确立承办人制度，然而在中国司法实践中，法院基本上是以单个法官为单位来对诉讼案件进行办理的。在独任审判庭的情况下，独任法官便是案件的“承办人”；而在合议庭审理案件的情形下，只有是合议庭中的一名成员才是案件的承办人。该承办法官不仅要负责庭前准备程序、主持调解程序、查阅研读案卷材料、进行庭外调查核实证据，而且还负责起草审理报告、草拟裁判文书，在通常情况下，案件的承办人往往就是合议庭中的审判长。在院长、副院长、庭长、副庭长甚至一些资深法官也参与的合议庭审理案件时，承办法官往往只能作为普通合议庭成员参与到案件的审理中来。不过，承办法官作为最熟悉案情、也最关心案件审理和裁判情况的法官，在进行法庭调查时往往会更为主动地发问，而在法庭辩论过程中也往往会更加注意倾听各方的辩论意见。〔1〕

案件承办人制度从其本质而言是中国法院司法裁判行政审批制度的有机组成部分。所谓司法裁判的“行政审批制度”，是指法院按照一种上令下从、垂直领导的原则，由具有较高行政级别的法官对下级法官的司法裁判进行审查并决定是否批准的制度。法院司法裁判的行政审批通常表现在下列审判活动中：庭长审批承办法官的裁决结论、院长审批合议庭的裁决意见、审判委员会讨论决定合议庭对重大疑难案件的裁判意见等，而以承办法官个人为办案单位的审判组织制度则是这所有行政审批活动的基础。为了便于行政管理活动的进行，法院通常都是

---

〔1〕 尹洪茂、丁孝君：“试论合议机制与承办人制度的冲突与协调”，载《山东审判》2001年第4期。

将案件直接分配给某一法官负责，该法官作为承办法官不仅要对案件的全部审理和裁判活动负责，而且还要就该案件接受本院以及上级法院的业绩考核工作，而其所负责办理的案件一旦被认定出现了错误，也要由其承担主要的“错案追究后果”。近年来，随着涉法上访申诉情况的大量出现，很多地方的法院将由承办法官对其所办理的案件承担终身责任的做法进一步进行推广。也就是说，承办法官对于由其所负责审理的全部案件，一旦出现当事人进行申诉上访的情形，都要由其来承担必要的责任。坦诚而言，这种由承办法官个人对于个案审判进行负责的制度，不仅有利于法院对法官进行管理的有效实施，而且也有利于明确法官在案件审理中所享有的权利和所承担的责任。但与此同时，无论是在庭长、院长针对具体裁判结论的行政审批过程中，还是审判委员会针对重大疑难案件进行讨论并决定案件的过程中，承办法官的口头汇报都是这些高级别法官获取案件信息最主要的来源渠道。不仅限于此，一旦所承办的案件引起上级法院或者地方党委、政府甚至人大常委会的高度关注，则承办法官还要承担向这些机构及其相关人员进行汇报的责任。而承办法官的这种汇报也通常成为这些机构在对案件作出批示或者作出裁判指令时的最直接依据。

三、主诉检察官制度

（一）产生背景

很长一段时期以来，我国检察机关业务的管理同样呈现出一种行政化的倾向，检察机关内部办案制度尚未得以明确。直至 1998 年 12 月最高人民检察院制定的《人民检察院刑事诉讼规则》才针对检察机关的刑事办案制度进行了明确规定：人民检察院在办理刑事案件时，由专门的检察人员承办，办案部门负责人进行审核，检察长或检察委员会进行决定，即由承办人提出具体办案意见，部门负责人负责进行审核，而检察长审批或者检察委员会进行讨论决定的“三级审批制”。然而，这种三级审批制的制度设计仍然使检察工作机制带有浓重的行政色彩，因为其仍然类似于行政审批制，需要层层审批、层层把关。针对一个案件的办理程序，不仅需要办案人员提出相关处理意见，随后还要由部门负责人进行审核，最后再由检察长或检察委员会作出决定，一个案件三层把关必然导致办案效率的低下。除此之外，层层审批的办案机制，表面上是人人负责，其实则导致无人负责局面的出现，因为在层层审批制度之下，人人都应该对案件负责，但是一旦案件真正出现了问题，那么责任却很难追究到个人，更多的是推给了所有相关人员，最终难以追责。与此同时，在层层审批制度之下，办案人员所提出的意见要经过部门负责人及检察长或检察委员会的最终审核和决定，导致办案人员根本无法对案件享有决定权和负有责任。如此一来，便使这一办案体制形成一种“审而不定，定而不审”的办案模式以及“重审查、轻公诉”的工作思路，进而导致大量办案人员出现责任心不强，工作积极性和主动性不高的状态，同时短时间难以改变的案多人少、压力大、任务重的窘境，再加上对案件重重把关的繁琐程序要求，也必然导致办案周期长和效率低下等弊病。总而言之，三级审批制所导致的办案周期长、效率低下、办案人员积极性不高以及无法真正实现追责等弊端，都向该制度提出了改革之要求。

主诉检察官制度出现的另外一个重要背景则是1996年《刑事诉讼法》的修改。1996年《刑事诉讼法》的修改，对我国刑事诉讼法的基本原则、诉讼程序以及公检法三机关的职能和庭审方式等方面都作了重大的调整，这一修改吸收了英美法系刑事诉讼中对抗式庭审的合理化成分，对庭审中控辩双方的积极对抗予以强化进而提升庭审的实效。在这一新的诉讼模式之下，公诉人进行当庭举证的力度得以加大，而对证据质量也提出了较高的要求，使检察机关的诉讼风险增大。因此，这种修法之后的现实要求与检察机关原来“重庭前审查，轻出庭公诉”的做法必然产生了很大的冲突。换言之，《刑事诉讼法》在修改之后对于检察机关的公诉和法律监督职能更加强调，对庭审中的控辩对抗更加重视，同时还对检察人员的办案水平和质量提出了更高的要求，尤其是针对公诉人的专业素质和掌控庭审的能力要求更高。由此可见，原有的“三级审批制”的办案机制难以满足修改后的《刑事诉讼法》对于控审分离、控辩对抗之要求。因此需要根据修改后的《刑事诉讼法》对原有的办案机制进行调整，同时还要根据修改后《刑事诉讼法》的新要求来选拔和培养更高素质的公诉人。

因为原有的“三级审批制”的办案模式与司法一般规律之间是明显不符的，并且原有的办案模式也与目前迫切需要加强检察机关公诉职能之形势明显不相适应。在此背景下，全国一些地方检察机关开始探索针对检察官办案模式的改革举措，而主诉检察官制度正是在适应这种变革的要求中逐步出现的。主诉检察官办案责任制的建立正是针对原有“由检察人员负责承办，办案部门负责人进行审核，检察长或者检察委员会最终决定”的内部工作机制所进行的改革。对此旧机制进行改革，其实质就是要求检察官从原来作为缺乏自主性和独立性的案件承办人员转变为真真正正有职权的检察权行使主体。换言之，这项办案责任制的改革实质上是对检察权进行重新配置，即对公诉权在案件承办人、主诉检察官、公诉部门行政负责人及检察长（检察委员会）等不同主体之间所进行的重新分配。它是在公诉职能之责任机制、权力机制和效益机制三者统一的基础上，对刑事公诉制度中的承办人审阅、科室负责人审核、检察长审批或检察委员会讨论决定的“三级审批制”进行改革的一项重要措施。该制度将原来由检察长和公诉部门负责人所行使的案件决定权有条件地大部分授予了主诉检察官，并由其相对独立地承担相应的责任。具体而言，主诉检察官制度就是基于对审查起诉部门所承担的业务数量、部门人员组成以及审查案件之需要等各方面的考虑，确定若干名检察官由其承担主诉职责，并以每名主诉检察官作为第一责任人，使其与一定数量的助手和书记员等组成案件审查与起诉小组的办案制度。主诉检察官制度是根据起诉工作之实际要求予以配备公诉人员，进而保证刑事庭审的质量和效果。当然，还必须意识到在检察院的各项业务工作中，起诉工作是一项任务多、难度大、责任重、要求高的工作，如果仅仅制定主诉检察官制度，而不适当提高主诉检察官的地位，改善其待遇，增强其权力，起诉工作依然缺乏吸引力，尤其无法吸引较高素质的检察人才从事这项工作，而这势必对改革之后的主诉检察官制度之实践成效造成负面影响。因此，不仅要建立该制度，还要求检察机关从深层次的机制改革入手，始终围绕强化司法职能之目标，进一步完善检察机关自身制度建设，改革与此制度相冲突的制度以及工作方式。

主诉检察官制度在我国的出现最早可以追溯到 1995 年，由河南省郑州市人民检察院率先试行。到 1997 年，河南省其他地市也逐渐开始试行，而上海市杨浦区检察院则推行“等级公诉人制度”等。到 1998 年，北京市海淀区人民检察院则开始推行一种检控分离机制下的主诉检察官办案责任制。地方检察机关所进行的改革在一定程度上取得了良好的效果，得到了最高人民检察院的充分认可。1999 年 1 月召开的全国检察长工作会议和同年4月召开的检察机关深化改革座谈会，对这些改革的精神给予了充分的肯定，同时确定北京、上海、天津等十大城市为最高人民检察院主诉检察官办案制度的试点单位，并要求其他具备条件的地区也要积极进行试点。经过一年的试点工作，最高人民检察院于2000年制定了《关于进一步深化检察改革的三年实施意见》，在此意见中再度明确了要对检察官的办案机制进行改革，并要求全面建立主诉检察官办案责任制。2000年1月10日最高人民检察院第九届检察委员会第52次会议通过了最高人民检察院办公厅《关于在审查起诉部门全面推行主诉检察官办案责任制的工作方案》（以下简称《工作方案》），决定从2000年1月起，在全国各级检察机关审查起诉部门全面推行主诉检察官办案责任制，自此主诉检察官制度开始在全国范围内推行。综上所述，在检察机关的公诉工作存在以上种种问题的背景之下，先由地方检察院试行主诉检察官制度，再到最高人民检察院确认并在全国推行，符合了现实要求，也为公诉工作的推进展开了新的局面。

（二）基本内涵

对于主诉检察官这一制度的理解，可以从两个方面进行把握。一方面，其本身既是一种制度设计，则应该从制度层面上对其予以分析。另一方面，其又是一种机制，那么必然也应该从机制层面上对其予以把握。

从制度层面上对其进行把握，主诉检察官制度最主要的是能够实现权力与责任的统一。它是一种能够适应《刑事诉讼法》对起诉工作要求的新的办案制度，与检察院起诉工作的规律相符合，能够克服检察机关旧办案机制的种种弊端。这种新的办案制度即主诉检察官是在检察长（含分管副检察长）、科处长的领导下，依据法律和授权，相对独立地处理自己所承办的案件，并承担相应责任的制度。其基本内涵是：主诉检察官制度，是在检察委员会和检察长的领导下，以一名检察官为主，辅之以数名助理检察员和书记员组成办案组，依法相对独立地承担刑事案件的审查起诉和出庭支持公诉工作的内部办案制度。主诉检察官负责对案件进行审查，并提出明确的处理意见，同时还要对案件所认定的事实和证据以及适用法律负责。通常情况下，主诉检察官对所承办的案件所提出的处理意见，一般不再需要提交科处进行集体讨论，起诉案件一般也不再需要进行层报审批，而是由其直接决定起诉。除此之外，主诉检察官对所承办的案件还有着更为广泛的职权。其职权范围包括：一是依据法律规定；二是依据检察长授权。除法律规定应由检察长或检察委员会决定的职权，如不起诉权、改变强制措施权、撤诉权等以及重大、复杂、疑难案件的有关决定事项，主诉检察官不能行使但可以提出处理意见、享有建议权之外，其还可以行使案件的退查权、起诉权、补充起诉权、建议适用简易程序权、建议法庭延期审理权等。

与此同时，我们必须明确主诉检察官在职权方面的这种“独立”并非是一种绝对的独立，而是一种有限度的独立。整个检察机关的领导体制并没有发生变化，主诉检察官仍然要接受检察长（含分管副检察长）的领导。检察院所有的日常行政工作仍然由检察长统一领导，而检察委员会仍然是检察机关的议事和决策机构，主诉检察官依然需要在检察长和检察委员会的领导下承办案件，只是其办案的程序变得不再需要层层审批，同时自己也变成了其所承办案件的主要负责人。但是对于检察长和检察委员会的决定，主诉检察官同样是必须予以执行的。所以在某种程度上说，主诉检察官只是相对独立地办案，而绝不能称其为独立检察官。除此之外，主诉检察官同样仍然要接受科处长的行政管理。科处长虽然不再对主诉检察官所办理的案件进行审批工作，但本部门的行政管理工作仍然由其负责，分配案件、督促和检查办案等各项工作仍然由其进行，在这些方面主诉检察官也毫不例外地要接受其管理。只是在主诉检察官制度实行以后，起诉部门的科处长应当由具备主诉检察官资格的同志担任，作为部门负责人其自身同样需要带头办案，履行其主诉检察官的职责。而且一旦由主诉检察官办理的案件出现错案，并且经审查责任确实在主诉检察官的，其自身应当受到错案责任的追究。当然，具体责任的追究要严格按照《检察机关错案追究办法》执行，以保证责任落实到人。

从机制层面上对该制度进行把握，主诉检察官责任制又可称为是一种新的用人机制。因为从本质上而言，它引入了竞争机制，能够对胜任起诉工作的高素质、专业化的公诉人才起到选拔和培养作用。这一种新的机制即通过对主诉检察官的任职条件、选任程序以及应享受的待遇予以明确，并逐步建立一支高素质、专业化的主诉检察官队伍。其基本内涵是：对于主诉检察官的法律地位予以明确。公诉权是检察机关最主要的职能，而主诉检察官是代表检察机关依法行使公诉权的检察官员，属于检察机关内部经检察长特别授权、享有特定职权、承担相应责任的特殊型人才，主诉检察官的地位应高于检察机关内部其他业务部门的承办人。换言之，担任主诉检察官的，首先在资格上必须是检察官；其次，应当是接受检察长的指派，担负公诉职责的检察官，即检控官；最后，应当是从检控官中考评选出的高素质的、优秀的检控官。由此可见，主诉检察官的任职标准是相当高的。主诉检察官在政治方面必须具备十分优秀的品格，业务方面必须具有较高的法律素养并精通起诉工作，同时还必须具有较强的审案能力、写作能力和控辩能力。在此基础上，首先通过考试与考核在全院范围内选任优秀的检控官，在担任检控官之后，能够经过实践的检验与考核，才能被任命为主诉检察官。所以说，主诉检察官办案责任制作为一种选人机制，其任职标准是非常高的。因此，各级检察机关要制定符合自身检察机关主诉检察官的任职标准，这个标准既要坚持高要求，同时又要联系自身检察队伍之实际，保证把那些真正优秀的公诉人才确定为主诉检察官。

主诉检察官选任标准之严苛并非制度本身之追求，制度核心在于使主诉检察官办案责任制得以顺利实施。而要实现这一目标，首先要改善主诉检察官的工作条件。主诉检察官作为案件的主办人，其主要精力应该用在对案件事实的把握、案件证据的分析、法律适用的研究以及做好出庭公诉工作上，而对于办案过程中一些事务性的工作，如记录、通知、复印等工作应该由相关的助理人员来完成，因此给主诉检察官配备一定的工作助手显得非常必要。其次，还要切实提高主诉检察官的待遇。主诉检察官所处的地位和其所承担的责任决定其应该享有与之相适应的待遇，通常应该包括行政职级和岗位津贴两个方面。要打破固有思想束缚，逐步提高主诉检察官的职级和岗位津贴，使之真正形成激励机制，进而增强主诉检察官岗位的吸引力，以引导整个检察官队伍朝健康向上的方向发展。以上对于主诉检察官制度两方面的分析，虽然视角存在不同，但二者同样重要不可偏废其一，实现二者的统一，才是对主诉检察官制度完整内涵的正确理解。

（三）主诉检察官制度的实施原则

（1）检察一体原则。检察一体原则是指各级检察机关、检察官依法构成统一的整体。各级检察机关、检察官在履行职责中根据上级检察机关、检察官的指示和命令进行工作和活动，检察官始终可以相互替代履行职责，即使是在对某一案件进行审判的过程中，本检察院的检察官亦可相互替代。检察一体原则不仅适用于我国，在国外也是检察机关通行的组织活动原则。我国《宪法》所规定的独立行使检察权的主体是检察机关，并且在司法实践中对外行使权力同样是以检察机关的名义，如对庭审过程的监督，即在休庭后提出的纠正意见是以检察院的名义提出，而绝不是以出庭检察官的名义提出。并且实践证明，检察机关统一行使职权是保证法律统一实施和实现法律监督职能的重要途径。而实行主诉检察官制度，只有在坚持这一原则的前提下，寻找检察一体原则与主诉检察官独立行使职权二者之间的平衡点，才能保证主诉检察官在此基础上相对独立地行使检察权。

（2）逐步放权与监督制约相结合原则。检察院独立行使职权，主要是为了规范在办理案件过程中检察机关与其他机关及个人之间的关系，而对于内部检察权之配置，则没有必要将一切权力集中于检察长，而往往可采取由检察长代表检察院行使、检察官代表检察长行使、检察长与检察官共同行使检察权等不同的呈现形式。鉴于目前制度不配套，针对主诉检察官的放权应当逐步推进而不能一步到位。对于一般程序性事项的决定权，如退回补充侦查，则可以主要由主诉检察官予以行使；而对于重大程序性问题的决定权，如变更或撤回起诉等，则不便由主诉检察官予以单独处理和决定。针对一些实体性事项的处理，包括撤销案件、决定不起诉及一些重大复杂、比较敏感的案件等，应当由主诉检察官提出意见并上报检察委员会予以决定。对于案件的事实和证据的认定问题，原则上可以由办理案件的主诉检察官负责并承担责任，而对于法律上的决定，则可由检察长和检察委员会作出并对其负责。与此同时，必须坚持必要的监督制约机制，只有完善相关的制约措施，才能促使主诉检察官实现自我约束、自我负责、良性发展。

（3）权责统一原则。主诉检察官办案责任制既要求赋予主诉检察官必要的职权以及相应的物质待遇，又要求其必须承担与此相适应的责任，职权与职责必须实现平衡。检察机关应当尽力创造条件，为主诉检察官提供必要的工作条件和利益保障，以对主诉检察官产生一定的激励作用，以达到稳定公诉队伍，吸引高素质的人才到检察机关及公诉部门工作的目的。主诉检察官承担着最重要的检察业务并担负着与之相适应的较重的责任，在待遇上有所提高和给予适当的物质利益无可厚非。但对于利益的调整需要一个过程，在强调相关资源保障之同时，也应当关注实施改革的实际效益。只有促进了诉讼的公正与效率，取得了良好的检查公诉的业绩，才能真正体现这一制度的价值之所在。

（四）主诉检察官制度的意义

（1）主诉检察官制度的确立符合公诉工作改革的需求。2013年1月1日，修改后的《刑事诉讼法》生效施行，新《刑事诉讼法》针对公诉工作在很多方面作出了重大改革。例如，为了进一步提高庭审的质量和效率，突出庭审的针对性和控辩性，规定了庭前会议制度；又如，在对简易程序的适用范围予以扩大的同时，提出人民检察院应当派员出席适用简易程序审理的公诉案件的要求。而这一要求的提出必然会加重检察机关出庭公诉的负担，从而更加剧了公诉部门案多人少的现实矛盾。再如，为清晰界定各项不同的司法权能的界限，防止出现角色混同的情形，在《刑事诉讼法》修改的过程中，尽管并未将检察机关提前介入侦查活动以引导侦查取证的做法明确写入立法，然而该项创新性的尝试因能够极大地提高追诉犯罪的效率而在司法实践中被广泛应用。上述有关公诉工作所进行的改革，不仅给公诉工作带来了巨大的挑战，同时也为主诉检察官制度的进一步深化发展提供了间接性的机遇，因此只有进一步对于主诉检察官的地位和作用予以突出，进而发挥主诉检察官的能动性，积极结合主诉检察官制度的放权性尝试，使主诉检察官更具司法属性，各项改革之间相互作用相互促进，才能最终建立以主诉检察官办案制度为核心的良性公诉体系，使主诉权得以更加充分地行使。〔1〕

（2）主诉检察官制度符合分类管理的检察人事制度改革的要求。分类管理的人事制度改革是高检院在全国各级检察机关中推行的改革措施，其基本思路是将检察人员分为检察官、检察事务官和检察行政人员。可见，主诉检察官制度与分类管理改革具有异曲同工之效，对主诉检察官赋予类似于行政领导职位的业务职权与待遇，并进行等级化管理，将有效解决大量优秀主诉检察官流失的问题，疏通其上升晋级空间，提供动力激励机制。

（3）主诉检察官制度符合检察机关内部机构改革的需求。近年来，在最高检的大力推行下，全国各级检察机关逐步建立了案件管理中心。案件管理中心，是检察权顺应司法改革潮流，进行自我完善的内在要求，是检察机关重新审视案件管理性质及职能作用的必然产物。〔2〕公诉权是检察权的重要内容，当然应当具有检察权的司法属性，然而在公诉权行使的过程中却受到行政权的过度干预，如分案权、考核权、监督权都由行政领

---

〔1〕 张永会："深化主诉检察官办案责任制度的思考"，载《中国检察官》2006年第6期。

〔2〕 戴景田、张文娟："检察机关案件管理中心论要"，载《人民检察》2009年第18期。

导行使，既有违公诉权的本质属性也不利于诉讼公正和效率。为此，案件管理中心便应运而生。反之，案件管理中心的设立也将有效地解决放权主诉检察官后监督缺位等问题，将更有利于主诉检察官制度的进一步发展。今后可以将对主诉检察官及其他业务人员的办案数量、办案质量的考核交由案件管理部门进行，由其对公诉相关业务活动进行集中统一管理。例如，公诉部门受理的全部案件必须经案件管理中心登记后直接移送主诉检察官办理；主诉检察官作出的决定，也由案件管理中心登记后，移送侦查机关或审判机关对案件实行全程、动态的内部监督制约机制。如此，主诉检察官制度与案件管理制度相辅相成，既达到规范案件办理流程，提高案件质量的效果，又达到减轻公诉人员负担，提高办案效率及强化对主诉检察官监督考核的效果。

四、庭前会议制度

（一）概述

庭前会议这一概念渊源于英美法系。《布莱克法律词典》将庭前会议（Pretrial Conference）解释为：辩方律师与法官通过讨论证据问题以及缩小争议，来对案件作出处理的非正式会议。会议发生在庭前短暂阶段内，通常会导致审前听证，审前听证是解决控辩双方的诉求以及案件的程序性规则。[1]根据《美国法律词典》的解释，所谓审前会议，是由法官召集的为案件开庭审理作准备的会议。是否召集这种会议取决于法官的自由裁量，会议的参加者包括法官和当事人各方的律师，会议旨在消除或缩小审理的问题以及分歧。会议的期望是至少在一些事实

〔1〕 Black, *Black's Law Dictionary*, 9th ed, West Group, St. Paul, Minn, 1999, p. 1307.

问题上达成一致。在这类事实问题上达成的一致被称为“约定”。如果能在几个问题上达成一致，那么审判所需要解决的只是那些遗留下来的争议问题。审前会议中出现的分歧点和一致点被载入一项约束后续程序的命令中。因此，审前会议通过使审理阶段集中于尽可能少和窄的事项而促进案件的解决。〔1〕

我国学者对此制度存在不同的认识。陈光中教授认为：“庭前会议又称为审前会议，是指在检察官提起公诉后、法庭开庭审判前，即在法庭准备阶段，审判人员根据控辩双方提交的申请，就有关本案的某些程序性事项召开审前会议，并作出相应决定的刑事诉讼活动。”〔2〕樊崇义教授认为所谓的庭前预备会议，指的是控诉方提起诉讼后，在法庭正式开庭审判前，由庭审法院主持举行的一个有控辩双方参加的、用以解决案件能否交付庭审、采取何种庭审程序以及证据开示、非法证据排除等问题的小型会议。〔3〕还有学者认为，应借鉴香港地区的审前会议制度，即由预审法官主持，是在开庭之前为庭审做准备，侧重程序、事务性的准备，是预审法官将当事人召集在一起集中解决审前争议的一个阶段。〔4〕综上所述，要对庭前会议制度下一个定义，要明确以下几个问题：第一，庭前会议如何发起；第二，庭前会议召开的阶段；第三，庭前会议所涉及的内容；第四，庭前会议的参加人；第五，庭前会议的主要任务。基于

〔1〕［美］彼得·G. 伦斯特洛姆：《美国法律辞典》，贺卫方等译，中国政法大学出版社 1998 年版，第 261 页。

〔2〕陈光中主编：《中华人民共和国刑事证据专家拟制稿（条文、释义与论证）》，中国法制出版社 2004 年版，第 450 页。

〔3〕顾永忠、苏凌主编：《中国式对抗制庭审方式的理论与探索》，中国检察出版社 2008 年版，第 137 页。

〔4〕卞建林主编：《中国刑事司法改革探索——以联合国刑事司法准则为参照》，中国人民公安大学出版社 2007 年版，第 125 页。

以上分析，完整的庭前会议应概括为：在开庭审理前，依法官职权或依当事人申请召开的，控辩审三方参与的，法官对案件部分实体或程序性问题予以裁决，以保障审判的顺利进行和被告人的合法权利为目的的会议。

（二）庭前会议制度的特征

（1）独立性。根据传统的“刑事诉讼阶段论”的理论，刑事诉讼的各个组成部分都有着具体的任务、参与主体、诉讼期限等，并以不同的法律文书对程序活动加以总结。由此，刑事诉讼就被分成了立案、侦查、起诉、审判和执行这五个阶段。[1]庭前会议虽由法院主导，但它只是法庭审判前的辅助性程序，只是为庭审牵线搭桥，定罪量刑等解决刑事责任的问题要在庭审中进行。因此庭前会议应当界定为刑事审判的庭前准备阶段，不同于审判，也不同于起诉，应该是介于两者之间的中间程序，它起到了承前启后的作用。按照诉讼阶段论，因刑事庭前会议功能特殊，价值独特，应将其划定成独立的诉讼阶段。

（2）非强制性。刑事审判庭前会议是否需要召开、具体如何召开，都是非强制性的，法官对此具有相对自由的抉择空间。这便赋予了法院一定的程序选择决定权，同时也给控辩双方一定的程序选择权。一方面，非强制性能够保证法官独立自主地进行判断；另一方面，充分保障了双方当事人的平等协商自由。然而，即便说庭前会议不具有正式性，会议的举行也应当遵循法定的程序，要有明确的目的性和功能性。

（3）协商性。根据各国实际情况，庭前会议可以规定为刑事审判的必经阶段，也可能会被规定为一类选择性的程序。选择性、协商性则成为我国诉讼程序对庭前会议要求的特点。法

〔1〕龙宗智、杨建广：《刑事诉讼法》，高等教育出版社2010年版，第89页。

官依据案件的性质、复杂程度、影响力大小等因素，并结合法官应用法律思维的自我推理判断，决定是否需要召开庭前会议。控辩双方还可以在允许的法律规范范围内，选择是否行使权利，决定是否召集庭前会议。庭前会议的协商性特点还表现在参与主体可以非正式性地对某些程序性问题进行沟通、协商，对证据展示、申请回避等问题，可以提出主张，然后通过答辩方式，双方在中立方的主持下，通过磋商找到解决程序性争议的对策。

（三）庭前会议制度的功能

在刑事诉讼中，庭前会议担负着一定的职能，这些职能通过具体的制度得以实现，并体现着公平、效率等诉讼价值追求。具体说来，庭前会议具有多方面的职能，下面将对其主要功能予以阐述。

（1）程序分流功能。程序分流有广义和狭义之分。“狭义的程序分流是指对特定的构成犯罪的案件，在侦查或起诉环节中即作终止诉讼的处理，并施以非刑罚性的处罚，而不再提交法庭审判的制度和做法。”〔1〕“广义上的程序分流不仅包括狭义上的程序分流，还包括在审判阶段适用较之普通程序更加简易的程序而对案件进行审理。”〔2〕这里所述的程序分流是指广义而言的。一方面，由于“诉讼大爆炸”带来的诉讼成本的提高和诉讼效率的降低，导致出现案件积压、司法权威降低、民众普遍不满意等问题。另一方面，人权保障成为主流趋势，程序正义受到越来越多的关注，因此实践中诉讼程序为了满足程序正义的要求而变得越来越严密、复杂，同时为了运行诉讼程序所需

〔1〕叶肖华：“刑事审判程序分流研究”，中国政法大学2008年博士学位论文。

〔2〕张小玲：“论刑事程序中的‘程序分流’”，载《政法论坛》2003年第2期。

的司法资源也大幅度增加。因此，犯罪引发诉讼增多与司法资源有限之间的矛盾，造成程序正义与实体正义同时实现存在矛盾。基于此，主要价值在于降低诉讼成本、提高诉讼效率的刑事程序分流制度得以产生。立法者设置了相较于普通庭审而言更加简单便捷的简易程序和认罪程序。简易程序和认罪程序大大缩短了审判周期，在降低司法成本的同时又提高了诉讼效率，可谓一举两得。而刑事程序分流则是通过对案件进行审查并根据当事人的意愿而决定适用何种程序。

程序分流是庭前会议的基础职能。为了防止简易程序或认罪程序的滥用，当前世界各国都对其适用条件作了严格规定。因为程序分流必须在开庭审理之前确定，所以各国一般都通过庭前听证会、庭前协商会等庭前会议的形式解决此问题。在庭前会议中，控辩双方得就适用何种审判程序、是否作认罪答辩进行协商并达成协议，然后由法官进行审查，法官认为符合法律规定的便裁定同意该协议；法官也可以依职权拟决定采取何种审判方式，然后听取控辩双方的态度和建议。对于当事人不同意的，法官则必须按照普通程序审理此案。由此可见，庭前会议为实现程序分流提供程序平台进而提高了诉讼效率，同时保证了分流决定的公正性和合法性。

（2）资讯与防止诉讼突袭功能。所谓资讯功能就是控辩审三方享有全面了解案件情况的权利（权力），有权向其他方要求提供其掌握的案件证据材料。资讯功能包含三方面的内容：一是，控方有权要求辩护方提供其掌握的犯罪嫌疑人无罪、罪轻以及不负刑事责任的证据；二是，辩护方有权要求控告方提供其掌握的案卷材料以外的证明被告人无罪、罪轻、不负刑事责任的证据；三是，在职权主义模式下，法官可根据审判需要要求控辩双方提供相关的证据材料信息等。资讯功能有效保障了当事人和法官的知情权。

诉讼突袭是律师利用诉讼程序缺陷的一种辩护技巧。辩护律师通过事先隐瞒将要出庭的证据，等到庭审中展示新证据以给对方和法官造成以使对方措手不及，这种辩护技巧带来的不良后果往往是导致诉讼的中断和拖延。当庭审中突然出现新证据时，控辩审三方往往会中断庭审对新证据进行审查核实，而公诉方也会因为新证据的出现需要变更庭审方案或进行证据补强而申请法院延期开庭。庭审的中断或延迟一方面会导致案件的拖延，诉讼效率的降低，另一方面被羁押的被告人会因为案件悬而未决长期承受羁押诉讼之困扰，被害人的附带民事诉讼也因不能及时得到解决而陷入困境之中。正如美国大法官特雷勒曾言："真实最可能发现在诉讼一方合理地了解另一方时，而不是在突袭中。"〔1〕刑事庭前会议制度则既为资讯功能的发挥又为防止诉讼突袭技巧的运用提供了程序保障。庭前会议中设立控辩双方的证据开示程序，实现了信息在法官、公诉人、当事人、辩护人以及诉讼代理人之间的交换与流通，防止了庭审中的证据突袭，有效保障了庭审的集中进行。

（3）争点整理功能。所谓争点整理主要包括事实争议整理和证据梳理。由于对于案件的事实争议的整理和证据的梳理需要控辩审三方共同参与才能保证程序的正义，而在庭审中进行此项工作又会降低审判的效率和质量，因此在开庭之前解决此类问题再合适不过。通过事实争议的整理一方面法官会更加明晰案件的重点，在庭审时就会更好地引导庭审，将庭审的重心放到控辩双方有巨大争议的案情上，防止了因法官不了解双方争点而把时间浪费在控辩双方无异议或异议不大的事项上，促

〔1〕 Roger J. Traynor, "Ground Lost in Criminal Discovery", 39N. Y. U. LRew 228, 249 (1964).

使了庭审的实质化；另一方面，诉讼代理人也可以有重点的为当事人辩护，保障了辩护权的充分发挥，对于保护当事人的诉讼利益意义巨大。该功能无疑提高了审判质量，使庭审趋于实质化。

（4）非法证据排除功能。非法证据排除是刑事诉讼的基本证据规则。非法证据排除解决的是证据的资格问题。如果在庭审中去解决非法证据问题，一方面会导致审判的拖延或者中断，影响庭审的效率；另一方面会动摇法官的认知，影响其自由心证，损害审判的公正性，更不利于对犯罪嫌疑人诉讼权利的保护。而在庭前会议中，当事人可对证据进行甄别，避免在法庭审判中因为证据问题而休庭；庭前会议可以对争议的事项进行罗列和解决，让双方当事人在庭审前就充分地了解状况，对自己觉得有异议的问题，提出自己的意见；可以对程序性问题达成协议，从而使法官在庭审中，可以将主要的精力放在定罪量刑方面，提高审判效率。因此，在开庭审理以前就将不具有证据资格的证据材料排除掉符合刑事诉讼规律和证据法理论。

（四）我国对于庭前会议制度的法律规定

2012年我国对1996年的《刑事诉讼法》进行了全面系统的修改，在新修改的《刑事诉讼法》第182条中确立了庭前会议制度。随后出台的《最高人民法院关于适用〈中华人民共和国刑事诉讼法〉的解释》（以下简称“最高法《解释》”）和最高人民检察院《人民检察院刑事诉讼规则（试行）》（以下简称“最高检《规则》”）又对庭前会议作了补充规定。至此，我国庭前会议制度的基本框架已经形成。具体来说，我国庭前会制度主要包括以下几个方面的内容。

1. 庭前会议启动的条件与方式

根据最高法《解释》的规定，当事人及其辩护人提出排除非法证据申请的法院可以召开庭前会议；法院认为案件证据材料较多、案情重大复杂、社会影响重大的可以依职权召开庭前会议。对于第一种类型，如果当事人及其辩护人向法院提出了排除非法证据的申请，法官应对申请进行审查，经过审查认为确有可能的且当事人能提供相应的线索或证据的，就应该决定召开庭前会议。对于第二种类型的判断应根据被告人的社会地位以及案件性质来判断，而不是根据社会舆论判断。最终，法律规定了一个兜底条款，即需要召开庭前会议的其他情形。可见，是否开启庭前会议由法院决定，法官根据法律规定的条件进行自由裁量。

2. 庭前会议的主持者、参与者

庭前会议是控辩审三方参加的旨在解决程序性争议和部分实体问题的庭前准备程序。庭前会议是一种问题解决机制，控辩审三方在庭前会议中都有不同的诉求。为保证诉求的实现，法律赋予了不同的参与者不同的权利（权力）和义务。根据新《刑事诉讼法》规定，庭前会议由审判人员召集公诉人、当事人和辩护人、诉讼代理人参加。

（1）审判人员的权利和义务。首先，审判人员是庭前会议的召集主持者。召开庭前会议的决定权在审判人员手中，并且审判人员在程序中具有主动性。其次，审判人员既是问题的解决者也是案件的整理者。在庭前会议中，法官的职责就是：第一，对于当事人提出的关于管辖、回避、审判程序等申请作出回应，在审查的基础上作出最终答复；第二，对于控辩双之间关于证人出庭名单、非法证据排除的争议进行裁决，以使双方达成相关的协议；第三，对于控辩双方之间关于案件事实、证据的争议进行整理归纳，以便找出案件的争点和重点，为庭审做准备。最后，审判人员是当事人权利的保障者。在庭前会议中，当事人享有申请调取在侦查、审查起诉期间公安机关、人民检察院收集但未随案移送的证明被告人无罪或者罪轻的证据材料、不公开审理的权利，但是这些权利的实现需要法官的支持和保障。法官对于当事人的申请经过审查认为符合法律规定的应当批准，对方不予配合的，法官应该强制其履行相关义务。

（2）被告人及其辩护人、诉讼代理人的权利和义务。第一，被告人及其辩护人、诉讼代理人享有申请权。根据新《刑事诉讼法》规定，被告人及其辩护人、诉讼代理人在庭前会议中有权向法院就以下事项提出申请：案件管辖权异议、相关人员的回避、调取证据、提供新证据、非法证据排除等问题。第二，被告人及其辩护人、诉讼代理人享有辩护的权利。辩护权贯穿于刑事诉讼的整个阶段，庭前会议也不例外。第三，被告人及其辩护人、诉讼代理人有配合审判人员进行案件证据和争点整理的义务。

（3）被害人及其法定代理人、近亲属享有申请刑事附带民事诉讼中民事调解的权利。根据最高法《解释》第 184 条的规定，被害人或者其法定代理人、近亲属提起附带民事诉讼的，可以调解。

（4）公诉方的权利和义务。第一，提出和交换意见的权利。根据最高检《规则》规定，在庭前会议中，公诉人可以对案件管辖、回避、出庭证人、鉴定人、有专门知识的人的名单、辩护人提供的无罪证据、非法证据排除、不公开审理、延期审理、适用简易程序、庭审方案等与审判相关的问题提出和交换意见，了解辩护人收集的证据等情况。第二，提出异议的权利。最高检《规则》规定，公诉人对于辩护人收集证据有异议的，应当提出。第三，对非法证据的合法性进行举证的义务。最高检《规则》规定，当事人、辩护人、诉讼代理人在庭前会议中提出的证据系非法取得，人民法院认为可能存在以非法方法收集证据情形的，人民检察院可以对证据收集的合法性进行证明。

3. 庭前会议的主要内容

对于庭前会议的内容，新《刑事诉讼法》规定了回避、出庭证人名单、非法证据排除等与审判相关的问题。最高法《解释》对此作了补充规定，补充的内容有：管辖、申请调取未随案移送的证明被告人无罪或罪轻的证据材料、提交的新证据、鉴定人和有专门知识的人的名单、不公开审理、对证据材料有无异议、附带民事案件的调解。最高检《规则》中对庭前会议的规定还涉及了延期审理、简易程序的适用、庭审方案、案件事实、证据和法律适用争议的内容。对其进行整理归纳可得出庭前会议主要包括以下几方面的内容。①程序性争议的解决。程序性争议往往涉及法院的管辖权、法官及相关人员的回避以及审判程序的适用和审判方式。②证据问题。第一，证据开示。根据法律规定，在庭前会议中，被告人及其辩护人、诉讼代理人可以向审判人员申请调取公安机关、检察机关在侦查、审查起诉阶段掌握的未随案移送的证明被告人无罪、罪轻或不负刑事责任的证据材料。第二，非法证据排除。当事人及其辩护人、诉讼代理人提出非法证据排除的，法官应当对其进行审查，并要求其提供相关线索或证据。第三，被告人及其辩护人、诉讼代理人在庭前会议中提交新证据的，审判人员应当进行审查，并询问公诉方的意见。公诉方对辩护人收集的证据有异议的应当向审判人员提出。③程序适用。第一，审判程序的选择。我国规定的公诉案件审判程序主要有三种：简易程序、认罪案件简易审程序和普通程序。第二，审判是否公开。审判公开原则是诉讼的基本原则。除法律规定的不公开审理的案件之外，其余案件必须公开审理。在庭前会议中，如果辩护方提出不公开审理的申请，审判人员应当审查案件是否属于可以不公开审理的案件范围，并征求公诉方的意见。④案件争点、证据的整理。根据我国新《刑事诉讼法》和相关司法解释、诉讼规则的规定，在庭前会议中，审判人员可就案件事实、证据问题了解情况、听取意见。控辩双方可就对方在起诉书或答辩状中的事实阐述进行说明并由审判人员进行归纳总结后记录于会议记录中。审判人员可就相关证据材料，证人、鉴定人、有专门知识的人出庭作证的名单询问控辩双方的意见，对于双方没有争议的证据材料将在庭审中简化举证、质证，对于双方争议较大的证据材料在庭审中将重点调查。⑤法律适用。根据最高检《规则》第431条的规定，公诉人通过参加庭前会议，了解案件事实、证据和法律适用的争议和不同意见，解决有关程序问题，为参加法庭审理做好准备。⑥附带民事诉讼的调解。根据最高法《解释》第184条的规定，被害人或者其法定代理人、近亲属提起附带民事诉讼的，可以调解。在庭前会议中调解附带民事案件应遵循民事诉讼法的相关规定。

（五）庭前会议的效力

法律对于庭前会议效力的规定是对庭前会议结果的肯定，保障了庭前会议的价值实现。从各国规定来看，庭前会议促使双方当事人在庭前达成相关的协议，该协议经双方当事人签字后具有法律效力，并对后续程序产生法律约束力。如果控辩双方在庭审中违反该协议，法官可以据此作出对其不利的制裁。而根据我国新《刑事诉讼法》规定，在开庭以前，审判人员可就与法律相关的问题了解情况的听取意见。根据最高法《解释》的规定，审判人员可以询问控辩双方对证据材料有无异议，对有异议的证据，应当在庭审时重点调查；无异议的，庭审时举证、质证可以简化。通过该规定可以看出，庭前会议是具有一定效力的，但是该效力仅限于证据材料。对于是否可以在庭前排除非法证据该条并未规定。对于该条分析来看，非法证据排除应该属于对证据材料有异议的范畴，应在庭审中进行重点调查。这与新刑事诉讼法关于非法证据排除的专门规定吻合。但是与此矛盾的是，最高检《规则》规定当事人、辩护人、诉讼代理人在庭前会议中提出证据系非法取得，人民法院认为可能存在以非法方法收集证据情形的，人民检察院可以对证据收集的合法性进行证明。需要调查核实的，在开庭审理前进行。该规定明确指出非法证据的调查核实应在开庭审理前进行，这种矛盾的规定给实际操作带来了困扰。

可以看出的是，立法者在庭前会议的效率方面也存在着矛盾的看法。一方面，立法者希望通过庭前会议来促进庭审的实质化；另一方面又担心审判人员过分依赖庭前会议导致在庭前会议中处理涉及案件实体审判的内容而使庭审程序流于形式。这种担心是不无道理的，我国正处于职权主义模式向当事人主义模式的转化之中，审判人员的职权主义思想还是普遍存在的，加上我国实行的是全案移送，而庭前会议是刚确立的一项新制度，缺乏充分的实践经验，如果不对其进行谨慎的设置，就容易导致法官庭前审案情况的出现。但不可否认的是，第一，赋予庭前会议十分有限的法律效力，削弱了庭前会议的功能。如果庭前会议只是一个争议提出程序，而争议的解决依然需要留给庭审程序，那么庭前会议设置的意义何在？其追求的诉讼价值又如何实现呢？第二，这种谨慎的规定与世界各国主流趋势不符，从长远来看并非权宜之计。我国的司法压力逐年增加，新制度的设置无疑增加了司法成本，如果再抑制新制度作用的发挥，那么新制度并不会有效地提高司法效率，甚至还有可能降低诉讼效率，这与诉讼经济原则就背道而驰了。因此，赋予庭前会议确实的法律效力是十分必要的。

第三节 刑事司法中的审检职权

惩治犯罪和保障人权是刑事诉讼的双重价值目标。这一价值目标主要通过审判权的治罪、出罪职能和检察权的追诉、监督职能来完成。审判权在刑事司法中的任务，就是审判刑事案件。通过审判活动，用刑罚同一切危害国家安全和其他刑事犯罪行为作斗争，通过法定程序对犯罪行为进行定罪量刑，给予惩处，直至适用死刑，以充分体现保护人民，维护社会主义国家政权的根本性质。检察权在刑事司法中的任务，就是对于直接受理的刑事案件进行侦查和对公安机关侦查的案件进行审查，决定是否逮捕、起诉或者不起诉；对于公安机关的侦查活动，人民法院的审判活动，刑事案件判决、裁定的执行和监狱、看守所、劳动改造机关的活动是否合法实行监督，保证侦查活动的合法性，审判活动的公正性和刑罚执行的有效性。

一、审检职权内容之涵摄

（一）刑事审判权与刑事公诉权

刑事审判权是人民法院审判刑事案件、确定被告人是否有罪并决定刑罚的权力。主要包括强制措施的决定权、庭审调控权、罪与非罪的决定权、刑罚适用的决定权、刑罚变更的决定权等。《刑事诉讼法》第 12 条规定：“未经人民法院依法判决，对任何人都不得确定有罪。”这是 1996 年《刑事诉讼法》新确立的一项基本原则。该原则吸收了无罪推定原则的合理内核，明确了只有人民法院享有定罪权的法制要求。在我国刑事诉讼中，人民法院是唯一有权确定某人有罪和决定刑罚的机关。刑事审判就是要通过法庭审理，在查清事实核实证据的基础上适用法律，判定被告人是否有罪、应否处罚，如何处罚。定罪权是行使审判权的核心，人民法院作为我国唯一的审判机关，代表国家统一独立行使刑事审判权；未经人民法院依法判决，对任何人都不得确定有罪。在刑事案件的侦查和审查起诉程序中，公安机关和人民检察院根据已经查明的事实和证据，可以认为犯罪嫌疑人有罪，但这只是程序意义上的，不是实体上的最终定性。只有人民法院依法所作的定罪判决，才具有确定某人有罪的法律效力。

检察机关与法院刑事审判权直接对应的是刑事公诉权。公诉权包括审查起诉，决定起诉或不起诉、提起公诉、支持公诉等。在我国，人民检察院是行使国家公诉权的唯一机关，其他任何机关、团体和个人都无权行使公诉权。与日本等国家垄断起诉不同，我国刑事起诉实行公诉为主、自诉为辅的起诉模式。对于自诉权与公诉权交叉的案件，即被害人有证据证明的轻微刑事案件，刑事诉讼法规定为自诉案件，但也可由公安机关立案侦查。公诉是一种国家追诉权，其基本诉讼功能是在查清犯罪事实的基础上，由检察机关代表国家提请法院追究犯罪行为人的刑事责任。这种提请追究刑事责任活动本身，既是国家对违反法律的行为所进行的具有法律效力的监督，也是对国家法律不可侵犯性的宣示和维护。在审查起诉阶段，检察机关对经过两次退回补充侦查仍然认为证据不足、不符合起诉条件的，可以作出不起诉的决定。不起诉决定与法院判决具有同等法律效力，其对于终止诉讼，保护犯罪嫌疑人权利，防止无罪之人受到刑事处罚，具有决定性意义。就刑事公诉与审判来说，审判是一种被动的裁判权，它只有在检察机关提起公诉的前提下才能行使。也就是说，没有刑事公诉，审判就不能发挥制裁犯罪的作用。

（二）检察逮捕权与审判逮捕权

我国《宪法》第 37 条第 2 款规定：“任何公民，非经人民检察院批准或者决定或者人民法院决定，并由公安机关执行，不受逮捕。”《刑事诉讼法》第78条规定：“逮捕犯罪嫌疑人、被告人，必须经过人民检察院批准或者人民法院决定，由公安机关执行。”根据宪法和法律规定，我国审判机关和检察机关都有决定逮捕的权力。检察机关批准（决定）逮捕权，既是证实犯罪、保障侦查诉讼活动顺利进行的必要手段，又是最严厉的强制措施，直接关系到当事人的人身自由，和人民群众的生活息息相关。其他国家比较普遍地实行由法官审查批准或决定逮捕的体制。[1]但是，无论是检警分立型国家还是检察官指挥警察型国家，负责对侦查行为控制与监督的法院（法官），与负责该案件实体审判的法院（法官）都是分设的，即预审法院（法官）或者治安法院（法官）、侦查法院（法官）负责逮捕等强制措施的审查，刑事审判法院（法官）负责案件的审判，二者在机构设置和职责配置上严格分离。这是由这些国家的“三权分立”宪政体制、检察机关的地位和性质及其与警察的关系决定的。在我国的司法制度下，如果法院既行使侦查中逮捕的审查批准权，又行使刑事审判权，将导致审前预断等问题，影响判决的公正性。而检察机关是法律监督性质的司法机关，由检察机关审查批准逮捕，对于保障侦查活动的依法进行，保障当事人的合法权益，公正、准确地惩治犯罪，具有重要的司法价值。[2]审判机关的决定逮捕权，主要限于检察机关提起公诉的

〔1〕 在检警分立型国家，检察官是政府的公诉律师或者王室法律顾问。在刑事诉讼中，检察官和警察一起，充当“一方当事人”的角色。逮捕措施的审查决定权只能赋予法官。在检察官指挥侦查型国家，警察接受检察官的领导或者是检察官的附属官员，为了防止警察侦查中的不当行为，同时也是为了防止检察官对警察的监督不力，防止检察官在侦查中的不当行为，有必要建立由法院进行的司法审查机制，通过法院对一些强制性侦查行为包括逮捕进行审查，保证侦查的正当性、合法性。

〔2〕 参见孙谦：《中国特色社会主义检察制度》，中国检察出版社2009年版，第170页。

案件。为了保证审判活动的顺利进行，审判机关对处于取保候审等非羁押状态的刑事被告人，认为有必要逮捕的情形下而采取的最严厉的强制措施。司法实践中审判逮捕权的运行空间相对较小。从某种意义上说，人民法院的决定逮捕权，只是刑事审判权的一种延伸。

（三）刑事诉讼监督权

职务犯罪严重亵渎职守，破坏国家法律的正确实施，其是指国家公职人员在履行法定职权的过程中滥用以及误用人民赋予的国家权力，即权力滥用和权力腐败现象。侵吞国家财产，损害国家利益，或者行使职权时严重超出法律的授权对公民合法权利造成侵害的行为，其直接危害的是国家正常的管理秩序。因此，检察机关监督国家公职人员依法履行职权的行为，是其法律监督的职责所在。监督的方式是对国家工作人员的接收监察机关移送的职务犯罪案件进行追诉，并将其提交法院进行审判。从诉讼目的看，这不仅是对国家权力进行制约和监督的行为，还是维护社会秩序的国家管理行为。而作为国家管理行为的刑事司法，必须坚持公检法相互配合和制约的宪法原则。

检察机关对职务犯罪案件的追诉、交付审判和采取的预防措施，是以权制权、以法制权的体现，具有司法弹劾的法律监督功能。人民检察院要依法运用各种监督手段，全面加强对诉讼活动各环节的法律监督。检察权不仅应通过合理的诉讼结构实现权力的配合与制约〔1〕，而且负有对诉讼活动进行法律监督，纠正诉讼活动中的违法行为的职责。即检察权在刑事诉讼

〔1〕 依据《宪法》《刑事诉讼法》的规定，人民法院、人民检察院、公安机关在办理刑事案件中，分工负责，互相配合，互相制约，以保证准确有效地执行法律。在司法实践中，不仅审判、检察、公安三机关在办理刑事案件中存在互相制约的关系，而且司法行政机关及其领导和管理的监狱、律师等组织也与司法机关之间存在一定的制约关系。

中遵循公检法三家相互配合相互制约的原则，发挥好对中心环节的制约、协调作用，保障诉讼的依法进行；同时，检察权要通过监督公安机关的侦查活动、法院的刑事审判活动、监狱的刑罚执行活动等司法活动，纠正诉讼中的错误，保障刑事诉讼的正确性和公正性。对司法工作人员在诉讼活动中的渎职行为，通过依法审查案卷材料、调查核实违法事实、提出纠正违法意见或者建议更换办案人、立案侦查职务犯罪等措施进行监督；对人民法院已经作出判决、裁定，人民检察院认为确有错误的，通过依法提出抗诉或按规定发出检察建议进行监督。这种不仅在诉讼结构中实行权力制约，而且在诉讼结构外对诉讼实行监督的制度设置，与党的领导体制中执政与执政监督（纪律检查）同步的制度设置、行政管理体制中行政管理与行政监察同步的制度设置是一脉相承的，都是中国特色社会主义宪制体制的内在要求使然，是我国司法体制的重要特色。

二、刑事诉讼中审检职权的考量

根据《宪法》和《人民检察院组织法》的规定，在大陆地区，人民检察院是国家的法律监督机关，行使国家的检察权。人民检察院由同级人民代表大会产生，向人民代表大会负责并报告工作。由此可见，检察院的地位是与法院同级的，相互之间不存在隶属关系。法院与检察院，再加上同级政府均在本级人民代表大会的领导下进行工作，形成所谓人大领导下的“一府两院”结构。检察机关必须遵循检察一体原则。所谓检察一体原则，又称检察一体化原则，是指检察系统内上下级检察院之间和检察院内检察长与检察官之间存在领导关系，检察机构作为统一的整体执行检察职能。这种自上而下的排列反映了检察机关上下级是领导和被领导的关系及其集中统一的特点，这与人民法院上下级之间监督与被监督的关系有显著不同。为了维护国家法制的统一，检察机关必须具有很强的集中统一性。

并且，诉讼与诉讼监督同步的职能运行是二元司法模式的实现形态。从司法运行的特征看，各国检察机关在参与诉讼活动的同时，都有对侦查、审判活动的制约功能，但在审判中心主义的体制下，检察权对审判权的制约是下位对上位的。我国检察机关作为二元司法主体中的一极，与审判机关处于同一位阶，既与公安、法院相互配合与制约，参与诉讼活动，代表国家追诉犯罪，又代表国家对侦查活动、审判活动及刑罚执行活动进行全程的法律监督。其法律监督职责具体包括：对叛国案、分裂国家案以及严重破坏国家政策、法律、法令、政令统一实施的重大犯罪案件行使检察权；对直接受理的刑事案件进行侦查；对公安机关侦查的案件进行审查，决定是否批准逮捕、起诉或者不起诉；对公安机关的立案活动、侦查活动是否合法实行监督；对刑事案件提起公诉、支持公诉；对人民法院的刑事审判活动是否合法实行监督；对刑事判决、裁定的执行和监狱、看守所、劳动改造机关的执法活动是否合法实行监督；对人民法院生效的民事、行政裁决是否公正、是否存在错误等进行监督，维护司法公正和社会正义。这种不仅在诉讼中实行权力制约，而且对诉讼实行法律监督的制度设置，与党的领导体制中执政与执政监督（纪律检查）同步的制度设置、行政管理体制中行政管理与行政监察同步的制度设置一脉相承，都是中国特色社会主义宪制体制的内在要求使然，是我国二元司法的重要特色。

在刑事诉讼中，检察是侦查的后续程序，检察以批准逮捕、侦查监督和审查起诉等职能对侦查活动形成监督和制约。公安机关则以享有拘留、逮捕等强制措施的执行权，通过决定权与执行权分离对检察机关形成制约。审判又是检察的后续程序，审判机关以审查公诉案件的材料和法庭审判对检察机关提起的公诉作出裁决，检察机关则以起诉、抗诉和检察建议对审判形成监督和制约。检察机关的公诉活动，不仅具有启动审判程序的功能，而且具有为审判活动设定范围的功能。刑事审判的对象不能逾越公诉的事实，这体现了检察机关公诉权对审判权的程序制约。但是在另一方面，人民法院是审判程序的主导者，检察机关的公诉活动必须受到人民法院审判活动的检验，必须服从人民法院经过审判所作出的终局裁判，这体现了审判权对公诉权的制约。检察机关除了在刑事诉讼中行使公诉权之外，还承担着对人民法院的审判活动是否合法实行法律监督的职责。这一职权不同于公诉活动中的检审关系，而是一种监督与被监督的关系。检察机关对刑事审判活动的监督，具有引起法院对自己的有关行为或决定进行再审查的效力。如检察机关对法院已生效裁判的抗诉，必然导致法院对自己作出的已生效裁判进行再审，体现了检察机关对人民法院审判活动的监督。

近年来，对于检审关系中检察机关的法律监督权有些人提出了一些不同看法。有的人认为，应当改变目前检审之间的关系，取消检察机关的审判监督权。其主要理由是：履行公诉权和部分案件侦查权的检察机关，同时担负着法律监督权，而这种监督权直接指向人民法院的审判活动，不利于审判权的独立行使，不利于维护司法权威，对审判所具有的终局性是一种威胁甚至破坏。有的人认为，虽然目前检审之间的关系不应改变，但是应当对检察机关的审判监督范围加以限制。其具体理由是：为了树立法律的权威，必须维护人民法院裁判的稳定性，为此应当对检察机关的审判监督范围进行必要的限制。一是应当受一事不再理原则的限制，即对再审理由、时效和再审抗诉次数等进行限制。二是对审判监督的对象进行限制，即检察机关只能对法官个人的违法违纪等行为进行监督。三是对审判监督的方式进行限制，即检察机关只能对审判活动实行事后监督，不能进行事中监督。

笔者认为，检察机关对审判活动的监督不但不应取消或限制，反而应当进一步加强。其主要理由是：第一，从诉讼规律上看，司法人员办理案件的过程，是一种对案件事实进行认定的过程，由于案件事实是复杂的而且是过去发生的，因而认定案件事实要受诸多主客观因素的限制，这就决定了认识产生错误的可能性，以及由这种认识导致的裁判错误的可能性。为了防止和纠正可能出现错误的判决和裁定，就有必要在刑事诉讼中建立审判监督制度以督促审判机关纠正错判。第二，从权力制约的角度看，任何权力都具有“善”与“恶”两种倾向性，要防止权力的滥用即“恶”的倾向性，就必须对权力进行监督和制约。这是被历史反复证明了的一条客观规律。具体到刑事诉讼活动来说，要保证国家审判权的正确行使、不被滥用，就必须建立起对审判权进行有效监督的机制。第三，从我国的司法实践看，审判活动中的违法现象还比较严重，司法腐败和司法不公仍然是人民群众反映强烈的问题之一。这既影响了法律在人民群众心目中的形象和审判的权威，也削弱了在全社会实现公平和正义的司法保障。这种客观现实，要求在诉讼程序中必须有一种有效的救济途径，使不公正的裁判得以纠正，而通过检察机关提起抗诉的程序比其他任何监督程序都更为有效。因此，加强对审判活动的法律监督，是保障裁判公正从而防止审判权滥用的现实需要，也是维护司法权威的客观需要。当然，检察机关对审判机关的监督和制约毕竟与其对公安机关的监督和制约有所不同，检察机关应当尊重审判规律和裁判权威，在维护法制统一和司法公正的前提下，保持必要的克制和谦抑。

综上，检察权与审判权在刑事诉讼中是司法机制不可或缺的两项职权，它们是相互配合，相互制约，相互联系、不可分割的有机整体。“在诉讼活动中，检察权主要通过程序控制，维护司法正义；审判权主要通过实体裁判，实现司法正义。”检察权的程序控制体现在：一是诉讼之外，即“对法律监督对象进行审视督察，一旦发现违法犯罪，即启动监督程序，并进入诉讼之内，如职务犯罪侦查和某些诉讼监督即属此”〔1〕。二是在诉讼之中，“法律监督是诉讼的必经环节，非经检察机关的审查不能进入下一诉讼环节，如审查批捕、审查起诉即属此”〔2〕。诉讼裁判由检察权启动，如对案件提起公诉是启动一审程序，提起抗诉是启动二审程序和审判监督程序；程序启动后发现有审判违法的，提出纠正意见。审判权的实体裁判体现在：对检察机关提起公诉的案件是否判罪以及判处何种刑罚由法院依法独立作出决定，可以通过宣判无罪或者判处较轻的刑罚，而全部或部分否定检察意见。对检察抗诉的案件能否改判，最终要取决于法院的重新审查和认定，法院完全根据事实和法律，而不是按照检察意见对案件进行实体裁判。可见检察、法院在司法中的功能是既不可替代又相辅相成的。因此，在中国特色社会主义制度下，要实现司法正义，就必须坚持检察权与审判权并重的价值理念。刑事诉讼中司法裁判决定权属人民法院，司法裁判发动权属人民检察院，公安机关（安全机关）行使刑事侦查权，“公检法”三机关分工负责，相互配合，相互制约，既能保证公正执法，又能有效应对、妥善处理复杂的社会问题。

---

〔1〕 参见朱孝清：“中国检察制度的几个问题”，载《中国法学》2007年第3期。

〔2〕 参见谢鹏程：“论社会主义法治理念”，载《中国社会科学》2006年第1期。

这一格局与西方国家司法即审判的体制存在着结构性差异，是中国特色社会主义司法制度的重要体现。

第四节　中国刑事司法决策现实运行状态

中国刑事司法运行的整个过程包含了侦查、起诉、审判、执行等众多阶段，而司法运行一旦经历了侦查和起诉而进入到审判阶段，整个案件才真正地纳入到司法的核心部分。审判阶段的到来似乎应该是法官的主场，自然也应该不容置疑地成为主角，然而中国的刑事审判运行的实践却似乎并非如此简单。作为刑事司法审判的机关与审判人员，中国法院及其法官往往既要“穿行于制定法与习惯之间”，也要“纠缠于事实与法律（规范）之间”，更要摇摆于“纠纷解决（合法性）与规则之治（合法律性）”之间，有时甚至还会成为“脱缰的野马”〔1〕。因为随着中国社会及其分层的不断发展，特别随着互联网技术的普及化、大众化而带来的信息费用的大幅降低，案件解决的最低合法性范围，因涉及群体范围而异。有时只需当事人认可、接受，有时需要政府与法律专家认可、接受，有时还需更大范围社会群体的认同。〔2〕基于不同的社会需求，中国的法院和法官往往难以单纯地基于法律作出裁判，而使得裁判变成众多力量合力的结果。

一、诉讼构造：侦查中心主义

法院审判理应是决定一个刑事案件结局和被告人命运的阶

〔1〕 张洪涛：“中国法院压力之消解——一种法律组织学解读”，载《法学家》2014年第1期。

〔2〕 张洪涛：“中国法院压力之消解——一种法律组织学解读”，载《法学家》2014年第1期。

段。但是我国刑事诉讼制度在实施过程中却出现了异化现象，将本来仅仅带有公诉预备性质的侦查程序视为刑事诉讼的中心，而审查起诉和审判都变成对侦查结论的审查和确认过程，[1]使我国整个刑事司法活动更倾向于侦查阶段，从而形成了“侦查中心主义”的诉讼构造。所谓侦查中心主义是指侦查活动具有很强的独立性，侦查过程基本不受检察官、法官的干预，并且侦查结果通常可得到检察官、法官的认可，实际上左右着起诉、审判活动的结果。[2]

侦查中心主义诉讼构造体现于侦查机关、检察机关、法院三者之间的相互关系之中。在侦查机关与法院的关系中，侦查中心主义既体现在诉讼程序内部，也体现在诉讼程序外的社会、政治、文化等方面。在刑事诉讼程序内，侦查中心主义主要体现在侦查机关对嫌疑人人身自由的处置、对涉案财物的强制处分以及对追诉证据的封闭式采集，对法院的裁判产生实质性影响等方面。因为法院在对案件作出裁判时，会考虑侦查机关已经进行一段时间的未决羁押、已经处置了嫌疑人的涉案财物等情况，并对侦查机关制作的案卷笔录进行“接力比赛”式的审查和加工，最终接受侦查机关所认定的结论。在很多情况下，即便侦查机关所得出的结论并没有得到足够的证据支持，甚至案件存在明显的矛盾或者疑点，法院也会对此加以迁就，而作出所谓“留有余地”的裁决。[3]侦查中心主义的理念不仅体现在刑事诉讼程序之内，还广泛地存在于我国的政治、社会、经济、文化等领域之中，成为我国社会治理方式的有机组成部分。

---

〔1〕 陈瑞华：“论侦查中心主义”，载《政法论坛》2017年第2期。

〔2〕 秦宗文：“‘侦查重心主义’研究——对‘以审判为中心’诉讼制度改革的反思与拓展”，载《四川大学学报（哲学社会科学版）》2017年第3期。

〔3〕 陈瑞华：“论侦查中心主义”，载《政法论坛》2017年第2期。

在这些领域中，侦查机关可以通过对嫌疑人的公开逮捕、对侦查人员的立功嘉奖、对侦破案件的新闻报道、授以政治称号等方式，造成有关案件属于刑事案件、嫌疑人构成犯罪的“既定事实”，从而对法院的裁判施加强大的社会和政治影响，使得法院不得不接受侦查机关所确立的结论。而在一个法院无法独立行使审判权的司法体制下，那些承受极大政治、经济、社会压力的法院，经常会迁就侦查机关的要求，对一些本来尚未达到定罪条件的案件作出有罪裁决，并在量刑上作出一些折中式的处置，以避免因科处重刑或者极刑所可能带来的负面影响。〔1〕

在侦查机关与检察机关的关系中，侦查中心主义的诉讼构造体现在对检察机关的定位上。我国《宪法》将检察机关定位为“国家法律监督机关”，《刑事诉讼法》则确立了检察监督原则。根据这一原则，检察机关有权对侦查机关、法院和刑罚执行机关的诉讼活动进行法律监督，对那些违反法律规定的诉讼行为和决定进行纠正。在刑事诉讼中，检察机关将诉讼监督权与公诉权（特殊案件中将侦查权与公诉权）集中于一身，垄断了国家的公诉资源，造成了公诉权的普遍滥用。例如，检察机关同时享有批准逮捕权和公诉权，在提起抗诉方面又享有辩护方无可比拟的绝对诉讼优势，可以通过程序倒流机制，对那些不符合定罪标准的案件进行重新加工，以便确保侦查结论得到法院的最终采纳。结果，检察机关在刑事诉讼中的强势地位，大大强化了侦查中心主义的诉讼构造。〔2〕而侦查中心主义的诉讼构造可能会造成以下种种不良影响。

（一）法庭审判的形式化

法庭审判流于形式，法庭审判程序形同虚设，这是我国刑

---

〔1〕 陈瑞华：“论侦查中心主义”，载《政法论坛》2017 年第 2 期。

〔2〕 陈瑞华：“论侦查中心主义”，载《政法论坛》2017 年第 2 期。

事审判制度长期存在的问题。究其实质，法院对刑事案件的事实认定并不是通过当庭审理来完成的，而主要是通过侦查案卷笔录的形式审查，对侦查机关所认定的有罪结论普遍给予了确认。〔1〕案卷移送制度与庭前审查公诉的“实质审查”标准，是造成法庭审判流于形式的主要制度问题，也是原有的刑事审判方式受人诟病的主要原因。这一问题与法院内部实行的院长、庭长审批案件，审判委员会讨论案件制度相结合，导致在司法实践中对少部分疑难案件出现了“先定后审”甚至“先判后审”的现象。〔2〕审判员在开庭前对案件已形成较固定的认识，对如何判决也可能有了初步想法，并请示庭长、院长；对一些重大疑难案件，则往往开庭前已经审判委员会讨论甚至请示上级法院。案件还未开庭审理，审判员对案件的定性、量刑已成定论，开庭成了走过场。被告人、辩护人提出的相反意见很难受到重视。〔3〕

（二）刑事误判的发生

在侦查中心主义诉讼构造的影响下，侦查机关或通过侦查案卷笔录，或通过对案件的公开定性，或通过对涉案财物的实质性处置，来对法院的审判活动施加积极的影响。而法院则迫于侦查机关和检察机关的双重压力，通过一种颇具仪式化的法庭审理活动，对侦查机关的结论予以认可。由此可能导致刑事误判的发生。〔4〕

（三）程序正义的牺牲

在侦查中心主义诉讼构造的影响下，被告方不仅无法进行

---

〔1〕陈瑞华：“论侦查中心主义”，载《政法论坛》2017 年第 2 期。

〔2〕陈瑞华：“案卷移送制度的演变与反思”，载《政法论坛》2012 年第 5 期。

〔3〕王尚新：“刑事诉讼法修改的若干问题”，载《法学研究》1994 年第 5 期。

〔4〕陈瑞华：“论侦查中心主义”，载《政法论坛》2017 年第 2 期。

有效的无罪辩护，而且其程序性辩护意见也经常遭到法院的普遍排斥。作为程序性辩护的主要方式，被告方申请法院排除非法证据的辩护，不仅难以说服法院启动司法审查程序，更难以说服法院作出宣告侦查行为无效的裁决。[1]

（四）诉讼效率的下降

在我国刑事诉讼中，那些普通的刑事案件在审判前阶段的诉讼流程持续时间长，效率低下，诉讼成本投入过高，经常出现案件积压的问题。主要是因为以侦查为中心的诉讼构造缺乏相应的案件过滤机制、案件分流机制、程序性争议解决机制以及程序倒流机制的频繁使用，这必然导致诉讼期限大幅上升，而诉讼效率却极为低下。[2]

二、审判方式：案卷笔录中心主义

上述负面影响固然与侦查中心主义的诉讼构造有着直接的联系，但并不只是由这种诉讼构造所导致，而是这种诉讼构造与案卷笔录中心主义的审判方式二者结合所导致的后果。在中国，无论是公安机关，还是检察院、法院，其内部组织结构均以科层制为基本模式，刑事程序的流转及司法决策的作出皆以各种证据和文书材料构成的案卷为主要载体。当下中国并不存在独立、系统的刑事案卷法律体系，有关刑事案卷的制作、移送、使用的要求散见于刑事诉讼法、部门规章和一些技术性规程之中，实践中也形成使用习惯，从而使刑事案卷具备了大体一致的样态与相关使用机制。[3]

---

〔1〕 陈瑞华："论侦查中心主义"，载《政法论坛》2017 年第 2 期。

〔2〕 陈瑞华："论侦查中心主义"，载《政法论坛》2017 年第 2 期。

〔3〕 左卫民："中国刑事案卷制度研究——以证据案卷为重心"，载《法学研究》2007 年第 6 期。

当下的司法实务中，侦查、起诉和审判机关都要形成相应的案卷：侦查案卷、起诉案卷、审判案卷。侦查案卷分为侦查卷宗（正卷）、侦查工作卷宗（副卷）和秘密侦查卷宗（绝密卷）三种。起诉案卷在侦查卷宗的基础上形成，包括侦查卷宗、公诉卷宗、检察内卷。以公诉机关移送的公诉卷宗、侦查卷宗为基础，一审审判案卷由侦查卷、诉讼卷、附卷组成。一审审判案卷中，侦查卷和诉讼卷可以公开和查阅，附卷则属于审判秘密。在此后的诉讼阶段，刑事案卷还包括上诉审卷、申诉卷、审判监督卷和死刑复核卷等。在各类卷宗中，对案件的实体处置发挥实质性作用的是侦查证据卷，它是将侦查、起诉、审判有机联系起来的关键，并且审判阶段使用的证据卷基本上形成于侦查阶段。刑事审判所依据的证据材料很少有辩护方提供的，即使有，其也很难被采纳为定案依据。证据卷构成审判的核心和基础。[1]而案卷在形成、移送和使用上都存在符合案卷中心主义审判方式与凸显侦查中心主义诉讼构造的特点。

（一）案卷形成的特点

第一，案卷制作的官方性（单方性）。在刑事案卷的整体制作上，侦查、起诉、审判机关等官方机构是当然的制作主体。而在组成案卷的材料中，绝大部分文件与证据都是官方机构收集或制作的，非官方人员（律师、当事人）收集和提供的材料比例相当低。并且在证据调查、收集或形成过程中，官方居于主导地位，其他诉讼参与人处于辅助性地位。第二，案卷形成的早期性。刑事案卷材料主要在侦查阶段形成，此后的审查起诉阶段、审判阶段案卷内容增加不多。就证据卷而言，侦查阶段形成的证据材料占据了整个案卷证据材料的绝大部分，其中

〔1〕 左卫民："中国刑事案卷制度研究——以证据案卷为重心"，载《法学研究》2007年第6期。

侦查前期（逮捕前）形成的材料又占大部分。[1]

（二）案卷移送上的特点

案卷的层递性是我国刑事案卷移送上的主要特征。一方面，它表现为在不同诉讼阶段之间，前一诉讼阶段形成的案卷材料允许且应当移送至下一阶段，直至案件终结。另一方面，层递性还表现为前一阶段所形成的案卷，一般构成后一阶段案卷之重要组成部分，这尤其以侦查案卷为甚。需要指出，在这种层递性的移送过程中，案卷材料既有所增加，也可能有所减少。增加的部分是后一司法机关制作的文书或证据材料，减少的部分通常是后一司法机关认为不利于指控的材料。[2]

（三）案卷使用上的特点

案卷的使用是案卷制度的核心，其表现出两个特点：使用过程的贯通性和使用结果的决定性。

1. 使用过程的贯通性

这是刑事案卷在功能上最突出的特征，在侦查机关、检察院以及法院的诉讼活动中都有明显的体现。

（1）对侦查机关而言，侦查活动很大程度上以案卷的使用为中心。无论是立案、侦查终结，还是刑拘、取保候审、搜查等侦查措施的运用，侦查人员都必须提出书面申请，同时出示相关卷宗中的证据材料予以论证，侦查机关的领导在对申请、证据进行审查的基础上作出决定。可以说，侦查程序中的任何关键性决定都离不开卷宗的使用。

（2）对检察院而言，检察院的审查逮捕、审查起诉和侦查

---

〔1〕左卫民："中国刑事案卷制度研究——以证据案卷为重心"，载《法学研究》2007年第6期。

〔2〕左卫民："中国刑事案卷制度研究——以证据案卷为重心"，载《法学研究》2007年第6期。

监督活动基本都建立在案卷的基础上。审查逮捕时，检察院具体通过案卷的审查作出逮捕与否的决定，以案卷证据为事实依据。审查起诉时，检察官通常也会制作阅卷笔录，根据卷宗反映的案件事实作出是否起诉的决定。此外，笔者进行的相关研究表明，检察院的侦查监督活动也基本依赖案卷，其他监督手段相当匮乏，效果也不尽理想。

（3）对法院而言，审判活动也基本围绕案卷展开。法院的受理审查完全依赖案卷，主要依赖检察院移送的主要证据的复印件或照片；法官的庭外活动则以阅卷为主。尽管立法并没有明确要求法官庭外必须阅卷，但为便于指挥庭审或作出判决，法官通常在庭前会对起诉书及相关证据进行阅读和审查。在庭审活动中，案卷具有中心地位。一方面，实践中证人出庭率不高，检察院直接以案卷材料作为指控证据实为常规而非例外。另一方面，律师的辩护活动特别是事实辩护也不得不建立在案卷材料的基础上。从我们统计和旁听的情况来看，律师在法庭上的辩护活动主要针对案卷本身的瑕疵进行。律师收集和提供证据材料的情形不多，并主要用以证明酌定从轻情节，基本不涉及案件的定性。此外，从我们观察到的情况来看，法官在主持普通程序案件的庭审调查和法庭辩论过程中，翻阅案卷情形非常普遍。而在简易程序中，由于检察院一般不派员出席法庭，法官更是卷不离手。可以说，庭审依赖案卷已是司法习惯。〔1〕

2. 使用效果的决定性

案卷对裁判结果具有决定力，这构成了中国刑事案卷制度最为关键的特征。根据我们的调查，法院基本上以书面的言词

---

〔1〕 左卫民："中国刑事案卷制度研究——以证据案卷为重心"，载《法学研究》2007年第6期。

证据为依据作出关于是否有罪、罪状为何、罪责轻重、如何量刑等判定结论。这些书面证据基本上形成于侦查阶段并被纳入侦查卷中。当然，法官并不完全接受甚至在某些案件中对侦查案卷中的大部分内容不采纳的情况也有所见，且不断增长，但总体上仍不多见。〔1〕

而案卷在形成、移送和使用上的各个特点共同展现出案卷对于我国刑事司法审判活动的重要性。从1979年的案卷移送制度，到1996年的限制检察机关移送案卷范围的改革，再到1998年庭后移送案卷制度的实行，直至2012年对案卷移送制度的恢复，中国刑事诉讼法在检察机关移送案卷的程序设计方面出现了持续不断的变化，甚至在制度安排上还发生了改革与废止改革的制度反复。〔2〕这种刑事诉讼法对于案卷移送制度的反复性的规定，恰恰说明我国目前刑事诉讼司法审判活动对于案卷的依赖性之强，法院通过阅卷来形成裁判结论的司法文化一直存在。造成这一文化形成的原因，除了有法官存在依据职权主导证据调查、法官无法通过庭审来组织实质的事实审查的传统以外，还有法院在庭外形成裁判结论、上级法院通过阅卷进行事实复审这些较深层次的因素。〔3〕主要可以概括为以下几个原因。

（1）法官主导证据调查的司法传统。在中国的司法传统中，法官通过亲自收集证据、主导证据调查来发现案件的“事实真相”，这被视为实现司法正义的主要途径。迄今为止，在中国刑事诉讼活动中，法官可以依据职权主动收集证据，这既包括在

---

〔1〕 左卫民：“中国刑事案卷制度研究——以证据案卷为重心”，载《法学研究》2007年第6期。

〔2〕 陈瑞华：“案卷移送制度的演变与反思”，载《政法论坛》2012年第5期。

〔3〕 陈瑞华：“案卷移送制度的演变与反思”，载《政法论坛》2012年第5期。

法庭之外主动地“调查核实证据”，也包括在法庭上主导整个证据调查活动。尤其是在二审、死刑复核以及再审程序中，法官在阅卷的基础上主动进行证据调查，已经成为刑事审判的基本方式。[1]

（2）以案卷笔录为中心的审判方式。在案卷移送制度的演变过程中，存在着一个一以贯之的司法裁判逻辑，那就是我国法院根据案卷笔录来形成最终的判决结论，刑事法官对案件事实的认定过程实际就是对公诉方案卷笔录的审查和确认过程。而“直接和言词原则”并没有得到真正贯彻，取而代之的仍然是一种间接和书面的审理原则。而这主要由刑事法官对公诉方案卷笔录存在依赖性而导致。[2]

（3）在法庭之外形成裁判结论的司法文化。现代司法制度要求法庭审理是法官认定案件事实的重要方式。但在中国的刑事审判中，法官并没有将法庭当作形成司法裁判的唯一场所，更不是通过庭审来形成对案件事实的内心确信。一般情况下，法官是通过一种“办公室作业”和上下级之间的行政审批机制来形成裁判结论。而无论是“办公室作业”还是上下级行政审批，都难以脱离对案卷笔录的严重依赖。[3]对于中国大多数刑事法官而言，要立即抛弃全面阅卷式的审判方式，而主要通过听取控辩双方的举证、质证和辩论来形成裁判结论，这无论在观念上，还是工作方式上都是一个巨大的挑战。[4]

（4）建立在阅卷基础上的复审制度。无论是二审法官、死刑复核法官还是再审法官，都要通过阅卷来完成对下级法院或

---

〔1〕 陈瑞华：“案卷移送制度的演变与反思”，载《政法论坛》2012年第5期。

〔2〕 陈瑞华：“案卷移送制度的演变与反思”，载《政法论坛》2012年第5期。

〔3〕 陈瑞华：“案卷移送制度的演变与反思”，载《政法论坛》2012年第5期。

〔4〕 陈瑞华：“案卷笔录中心主义——对中国刑事审判方式的重新考察”，载《法学研究》2006年第4期。

原审法院裁判结论的审查过程。可以说，在中国的二审、死刑复核和再审程序中，实际存在着一种对公诉方案卷的结构性依赖。无论是二审法院还是死刑复核法院，只要通过阅读侦查案卷笔录来审查下级法院的裁判是否“确有错误”，就可能按照侦查机关所提供的证据线索和内心确信，来形成其最终的裁判结论。甚至在一审法院不理会案卷笔录的情况下，二审法院和死刑复核法院对于侦查案卷的采信，也会造成一种以侦查案卷笔录的标准来审查一审裁判是否成立的奇怪现象。据此，要摆脱对案卷笔录的畸形依赖，刑事诉讼法除了要禁止一审法院阅卷以外，还应当禁止检察机关的案卷材料出现在二审程序、死刑复核程序和再审程序之中。[1]

在“案卷笔录中心主义”的作用下，侦查程序通过案卷笔录对法庭审判的绝对影响，成为整个刑事诉讼的中心，法庭审判在一定程度上变成对侦查结论的审查和确认过程，而失去了独立自主地审查证据、认定案件事实的能力。中国之所以形成一种以侦查为主导的刑事诉讼模式，并在公检法三机关之间形成一种“流水作业”和“接力比赛”的法律关系，在很大程度上与这种裁判方式存在密切的关系。[2]1996 年《刑事诉讼法》所确立的新的审判方式，名义上扩大了控辩双方对法庭审理过程的控制权，发挥了他们在法庭审理中的作用，削弱了法官依职权主动调查证据的权力，但实际变成了公诉方通过侦查案卷主导整个法庭调查程序的模式。在法官不了解全部侦查案卷材料、辩护方无法查阅案卷材料的情况下，公诉方几乎占尽了诉讼资源和证据信息方面的优势，对于法庭调查的顺序、方式和

---

〔1〕 陈瑞华：“案卷移送制度的演变与反思”，载《政法论坛》2012 年第 5 期。

〔2〕 陈瑞华：“案卷笔录中心主义——对中国刑事审判方式的重新考察”，载《法学研究》2006 年第 4 期。

证据内容，拥有绝对的控制力。[1]

侦查案卷笔录成为法庭调查的直接对象，也成为公诉人主导整个法庭调查的有力武器。[2]在整个法庭调查过程中，公诉人利用自己所占据的资源优势和信息优势，牢牢控制着法庭调查的范围、顺序和方式；公诉人通过宣读侦查案卷笔录的方式，主导着整个法庭调查程序。作为裁判者的法官，由于在庭审中并不了解侦查案卷笔录的全部情况，而只能被动地接受和审查公诉人当庭出示的证据笔录。辩护律师由于事先没有机会查阅全部案卷材料，也只能针对公诉方当庭出示的证据，进行消极的防御活动。被告人纵然对公诉人当庭宣读的证据笔录提出了异议，甚至对自己作出过的有罪供述笔录加以推翻，也难以动摇案卷笔录的效力。[3]

拉德布鲁赫曾对纠问式诉讼中案卷笔录的滥用问题作过精辟的评论："基于检察官和预审法官所提供的预审程序的案卷，他（法官）必定在主审程序开始之前，已对实施状况有一个主观印象，因而有从不偏不倚的法官角色突然滑向控告一方的危险。""预审程序卷宗对主审程序的这一影响，同时威胁到言词原则或直接原则。纠问程序控制下的刑事程序曾为书面审判：审判法院或接受'案卷移送'的有权部门，仅仅根据预审法官的卷宗便作出裁判。他们依据从未亲耳听到的证人证言，对从未见过面的被告人进行判决。被控告一方不正常的举止，紧张和愤怒的表情，证言陈述中不情愿的停顿……所有这些细微区

---

〔1〕 陈瑞华："案卷笔录中心主义——对中国刑事审判方式的重新考察"，载《法学研究》2006年第4期。

〔2〕 陈瑞华："案卷笔录中心主义——对中国刑事审判方式的重新考察"，载《法学研究》2006年第4期。

〔3〕 陈瑞华："案卷笔录中心主义——对中国刑事审判方式的重新考察"，载《法学研究》2006年第4期。

别和难以描述的状况，在单调呆板的官方记录中消失得无影无踪……”[1]

如果以全国人大1996年通过修改刑事诉讼法引入对抗式审判制度作为第一轮“审判方式改革运动”，其没有取得成功的主要原因是立法者过于关注刑事审判模式的转型，而忽略了中国刑事审判制度所面临的固有问题。这种固有问题与其说是审判方式的“超职权主义化”，倒不如说是法庭审判流于形式、刑事审判规范形同虚设。[2]归根结底，中国未来的司法改革既要关注刑事审判方式的改革，又要着眼于“重建审判制度”的问题。这是因为从本质上看，中国的刑事司法制度是一种“没有法庭审判”的制度。只有在法庭审理过程具有产生裁判结论之能力的情况下，法庭审判才具有最低限度的公正性。我们通常所追求的“公正的审判”，其前提应当是存在一种足以决定裁判结论的“法庭审判”。否则，刑事诉讼就不可能遵循最基本的公平竞技规则，那些受到刑事追诉的公民，也就不可能获得与公共权力机构“对簿公堂”的机会，也自然无法得到公正的审判。[3]要彻底解决法庭审判中可能存在的流于形式问题，就必须废止案卷移送制度，避免法官在开庭前接触、查阅任何案卷笔录和证据材料，从而彻底割断侦查与法庭审判程序之间的联系。[4]

---

〔1〕［德］拉德布鲁赫：《法学导论》，米健译，中国大百科全书出版社2003年版，第125页以下。

〔2〕陈瑞华：“案卷笔录中心主义——对中国刑事审判方式的重新考察”，载《法学研究》2006年第4期。

〔3〕陈瑞华：“案卷笔录中心主义——对中国刑事审判方式的重新考察”，载《法学研究》2006年第4期。

〔4〕陈瑞华：“案卷笔录中心主义——对中国刑事审判方式的重新考察”，载《法学研究》2006年第4期。

第四章

中国刑事司法决策机制之困境

中国刑事司法决策运行实践中所存在的诉讼构造的侦查中心主义与审判方式的案卷笔录中心主义，导致中国整个刑事司法决策机制运行面临着种种困境。而如果采取一种狭义司法的视角予以理解，将法院的审判作为一个独立之个体而进行把握，那么整个刑事司法决策机制之运行将面临内外两种困境：所面临的法院系统之外的困境即外部困境和所面临的法院系统之内的困境即内部困境。而这内外两种困境将直接影响中国整个刑事司法决策机制的运行效果。

第一节　刑事司法决策机制之外部困境

外部困境的研究基点是法院，之所以称之为“外部”，其参照点便是法院。显然，一旦选定法院作为参照物，而法院的外部必然涉及公安机关、检察机关这两个主体，同时还无法摆脱党委、政府以及其他权力机关和议事机关，而“外部困境”则自然来自于以上主体，外部困境的最终表现也是展现于法院与其各外部主体之间的关系上。

一、刑事司法运行体制架构关系中的法院附属化倾向

我国刑事司法运行体制架构关系是指在我国刑事司法运行

的整个过程中，侦查机关、检察机关、审判机关三者之间的相互关系及审判机关在三机关关系中的法律地位。由于我国历史与现实双重因素的影响，目前我国刑事司法运行体制架构关系中侦查机关处于强势、检察机关则拥有特殊地位，而审判机关在整个体制架构关系中的地位却呈现出审判权附属化的结构特征。正如童之伟教授所言："在刑事诉讼法历来的安排中，侦查权体量和覆盖范围超大，审判权地位太低、覆盖范围过小。检察权体量不大，但在特定领域也比审判权更为强势。"〔1〕这也反映了我国刑事司法运行体制架构目前的一部分真实状态，审判机关法院在三机关的关系定位中处于相对劣势，并且呈现出一种附属化的倾向。

在我国刑事司法体制及程序运行机制中，重视维护社会秩序是我国刑事司法重要的传统观念，在此观念的影响之下，无论是在专门机关具体职权的赋予方面，还是在法律地位及相互关系方面，侦查机关基于其权力与机构设置优势毫无疑问地成了政府实际上最为倚重的部门，其强势地位及强大职权乃至形成对法院和检察院一定制约的权力和能力。检察机关则基于国家的法律监督机关的宪法定位与国家对于权力监督制度强化之要求同样显示出举足轻重的地位，其集公诉权与法律监督权于一身难免会对审判权形成强大的影响力。而本来应该拥有最高权威与最终裁决权的审判机关——法院因为立法对其所承担的社会角色的定位与应当发挥作用的规定存在原则性，同时在实践运行方面又存在消极被动性，使其在我国刑事程序中难免受制于侦查机关与检察机关，从而导致法院地位附属化与刑事审判形式化现象。

---

〔1〕 转引自孙煜华：《侦查权的宪法控制》，法律出版社 2014 年版，第 90 页。

法院之附属化倾向的具体表现通常可以概括为以下几点。第一，在政治地位上的表现是侦查机关占据绝对优势，而检察机关与审判机关则是居于劣势。第二，在三机关刑事司法职权配置方面，侦查机关与检察机关是处于相对强势地位，而法院则居于相对弱势地位。第三，在三机关相互之间的制约关系中，侦查机关和检察机关对于审判机关往往是处于攻势，而法院对于侦查机关和检察机关则是处于守势。[1]而所有这些附属化倾向的表现汇集为一点，主要就是在整个刑事司法程序过程中所展现的侦查中心主义。而刑事司法程序过程中之侦查中心主义的观念和做法的产生，往往是因为法律规制不足与司法控制阙如促成的。第一，侦查机关对于侦查职权的享有是完全独立的，既包括实体意义上的侦查权，即对于各种侦查行为的事实可以独立决定，也包括程序意义上的侦查权，即对于侦查行为的启动、实施和终结均具有独立决定权。而且此项职权的行使具有两大特点，其分别是完全封闭性与自由裁量性。第二，在实践中由侦查机关作出的呈请批准逮捕和移送起诉的意见绝大多数都会得到检察机关的批准并提起公诉，而对于检察机关所作出的不批准逮捕决定和不起诉决定，侦查机关如果认为存在错误，则有权要求复议甚至要求其上一级检察机关进行复核。尽管检察机关针对侦查机关有案不立或违法立案的情形可以要求其说明理由，如果理由不成立则可以通知其立案或者撤案，并且法律规定侦查机关则应当立案或撤案。但在侦查机关处于强势地位并且拥有更广泛职权的情况下，这种单纯的专门机关平行制约的制度模式不可避免会导致检察机关的监督无力，而侦查机关对于检察机关所进行的反向制约往往却可以对刑事程序直接

〔1〕 张能全："论以审判为中心的刑事司法改革"，载《社会科学战线》2015年第10期。

产生实质性影响。虽然目前最高人民检察院力推重大刑事案件检察引导侦查制度，但是该制度目前既缺乏明确法律依据，又缺乏实践操作程序，因此功效难以体现。第三，在侦查机关成功侦破案件进而检察机关提起公诉之后，法院对于检察机关所提起公诉的案件只要具有明确指控犯罪事实的，就必须开庭审判并且没有任何实质审查权限。“我国这种有诉必审的审查方式实质上造成了庭前审查的虚无化，它排除了国家司法权对追诉权的程序性监督和制约，难以防止公诉机关的错诉、滥诉，而且也无法保障被追诉人的基本人身自由的权利。”〔1〕而且在整个审判过程中，法院通常既不会对侦查行为是否合法进行主动审查，也不会主动对案卷笔录证据提出质疑，如果真正发现证据不足的情形，往往也只是根据检察机关的建议从而作出退回补充侦查的决定。针对此种状态，有学者曾明确指出，“我国刑事诉讼事实上是一种侦查中心主义。公检法三机关在侦查、起诉、审判三阶段各自独立地实施诉讼行为，审判与侦查、起诉平起平坐；由于检察机关享有对法院的法律监督权，审判权一定意义上地位低于起诉权，无法在刑事诉讼中居于中心地位”〔2〕。而实践中，我国刑事程序又存在着侦查权主导检察权，而检察权又主导审判权的畸形刑事诉讼构造，从而生成一种侦查中心主义的诉讼格局。〔3〕

这种不合理的刑事司法体制必然扭曲刑事程序结构和刑事诉讼运行机制。因为，刑事司法裁判如要真正实现公平正义，

〔1〕汪建成、杨雄：“比较法视野下的刑事庭前审查程序之改造”，载《中国刑事法杂志》2002年第6期。

〔2〕葛同山：“刑事诉讼中的国家权力配置规律研究”，载《新疆社会科学》2008年第1期。

〔3〕张能全：“论以审判为中心的刑事司法改革”，载《社会科学战线》2015年第10期。

应首先保证作为法院审理案件所行使的司法权保持一种独立性，使其绝不受到来自于侦查与检察等强势机关的干扰。“司法权独立首先应体现为司法权地位独立。人类社会权力史表明，归属于某一政治或社会力量或者隶属于某一权力的司法权因其地位受制于他人而难以使司法走向独立，或者成为某一政治或社会力量的工具，或者成为其他权力的附庸，从而走向权力文明的反面，根本不可能成为维护社会公正的独立力量。”〔1〕可以说，无论是由侦查机关所掌控的侦查阶段还是由检察机关所掌控的控诉阶段统归于审前阶段，而这恰恰意味着侦查机关和检察机关针对当事人所进行的所有的侦查与指控活动都尚未经过审判机关司法的最终裁决，可以说侦查结论与控诉罪名都不具有最终的合法性。最终合法性的取得只能是依据审判机关的司法裁判，而要保证司法裁判的绝对中立性与公平正义绝不能是使法院处于附属地位，而首先要保证的便是整个司法权的独立。

二、程序阶段论安排导致三机关配合远胜于制衡

依法治国的核心在于建立公正、廉明、高效的司法体制，而构建司法体制的重点是如何在各司法机关进行不同领域、不同环节的责任和权力边界的划分。〔2〕具体到刑事司法便是对侦查机关、检察机关和审判机关三机关权责的明确界分。而我国《宪法》和《刑事诉讼法》针对刑事司法活动所规定“分工负责，互相配合，互相制约”的原则性要求可以说是立法者所追求实现的一种良好愿望，然而我国刑事司法运行现实状况印证

---

〔1〕 何勤华、任超：《法治的追求——理念、路径和模式的比较》，北京大学出版社 2005 年版，第 149 页。

〔2〕 刘成高、蔡伟民：“刑事诉讼中法检权力配置关系研究”，载《西南民族大学学报（人文社会科学版）》2016 年第 6 期。

此种完美的运行状态并未在实践中得以实现，并且这一原则性的法律制度设计其本身严重忽视诉讼规律之客观要求，其固有缺陷及因此而产生的弊端也是显而易见的。[1]以“分工负责”的要求为例，法律规定的是程序阶段式的结构，“每一阶段都只有一个拥有决定权的机关，其他机关的权力（权利）都很小，由此确立每一阶段的权威主导机关，并且充分相信其道德上的自律，能秉公办案，无需其他机关进行制约，进而通过多层次的阶段递进认识，摒除认识上的不足，保证案件真相的发现，从而最终作出公正裁决”。[2]即使存在某些程序性的制约，但大多数情况下每一阶段的权威主导机关依然可以主宰自己的“战场”，当然这种情形更多符合于对侦查机关与检察机关地位的描写。

我国的刑事诉讼活动，尽管实行了公检法分别行使侦查、控诉和审判三项权力的架构，但在许多直接涉及当事人切身利益甚至整个刑事司法过程中的权力分工方面，存在三者分权不明确、不彻底甚至存在职权交叉的问题，从而导致三者之间的制衡作用受限。单从侦查机关与检察机关的制度安排来看，通常认为现代刑事诉讼程序之进步主要是通过对刑事诉讼的调查和预审两个阶段来进行改革予以实现。其改革的途径之一便是努力将检察官发展成为刑事诉讼的核心，因为检察官是公正、客观地进行活动的象征。在对我国现行刑事司法决策机制的完善过程中，针对问题重重的侦查阶段所进行的改革却是步履维艰，进而导致整个刑事诉讼法运行的现实状态与立法者所期望

---

〔1〕 陈卫东、郝银钟：“侦检一体化模式研究——兼论我国刑事司法体制改革的必要性”，载《法学研究》1999 年第 1 期。

〔2〕 叶青、陈海峰：“由赵作海案引发的程序法反思”，载《法学》2010 年第 6 期。

实现的价值目标之间总是有很大的差距。究其原因，从根本上而言与我国《宪法》和《刑事诉讼法》对侦检机关相互关系的原则性制度设计上存在缺陷有很大的关系。[1]

在刑事诉讼中，侦、检两机关虽然在内部职能分工方面存在不同，但二者之间并非法律所规定的“分工负责”之关系，难以完全要求各自对其诉讼职能独立地负责，这是程序阶段论的规律性使然。一方面，由于侦、检两机关之间存在着程序上内在的不可分离性和检察机关在侦查、公诉阶段所具有的支配性作用，为了最大限度地防止司法资源的浪费及流失，保障整个刑事司法决策机制高效率运作，因此从理论要求而言，并不容许侦、检双方在诉讼过程中进行内耗式的“相互制约”；另一方面，由于我国检察机关又是法律监督机关，其法律监督职能是对已发生的法律行为进行评价进而对违法行为进行处分，是对已发生的执法活动进行鉴定进而予以矫正，其在性质上具有单向性，决不允许再受到来自侦查机关的制约。如果允许侦查机关这种相互制约的存在，检察机关法律监督的法律地位便会因此受到削弱，法律监督的权威性便存在缺失。因此用“相互制约”之原则来规范侦查机关与检察机关之间的相互关系实为不当。[2]除此之外，从立法原意来看，上述原则性要求的设立其目的是“保证准确有效地执行法律”。而通过上述分析则不难发现，“分工负责”与“互相制约”两个原则性要求由于明显与侦查机关、检察机关在刑事诉讼中所承担之诉讼职能存在矛盾之处，并且与程序阶段论之规律性要求相背离，必然会导致

---

〔1〕 陈卫东、郝银钟：“侦检一体化模式研究——兼论我国刑事司法体制改革的必要性”，载《法学研究》1999 年第 1 期。

〔2〕 陈卫东、郝银钟：“侦检一体化模式研究——兼论我国刑事司法体制改革的必要性”，载《法学研究》1999 年第 1 期。

整个刑事司法决策机制丧失其赖以存在的价值基础——诉讼效率。因此，在此种原则性要求的指导之下，不但立法之目的难以实现，恐怕会带来更重之弊端。

从目前我国关于侦查机关、检察机关与审判机关（法院）三机关的制度安排来看，侦查机关在对公民采取一些涉及其重大权利的拘留、搜查、查封财产等强制措施时，根本不需要提交检察机关或经法院批准，同时也不受法院司法审查。而检察机关作为我国《宪法》确定的法律监督机关，在刑事诉讼过程中负有对侦查机关和审判机关职权能否正确行使的监督职责。检察机关还具有的另外一个身份就是承担审查起诉任务的控诉机关，正是基于检察机关与侦查机关在任务上具有同一性，则难免会导致检察机关会不当放弃其对侦查机关的监督职责。与此同时，检察机关又集法律监督权与控诉权于一身则又难免会将监督权为控诉权所用而对法院施加不恰当的压力。更何况检察机关还对某些犯罪类型的案件享有自行侦查权，这又意味着检察机关在此类案件中其侦查与审查起诉、法律监督等角色又会出现混同的情形。除此之外，法院与检察机关虽然均享有逮捕决定权，但法院的权力与作用范围却仅限于审判阶段，无权在审判阶段之前对公安、检察机关的行为予以审查纠正，然而在控诉机关出现罪名指控错误时，法院却可以变相行使控诉权，直接将罪名予以改变并作出判决。如此职权交叉重叠，导致三者之间权力界限模糊、责任不清、制约受限，进一步导致出现一错再错、一错具错的恶性惯性，同时也往往导致一些所谓的不影响实体处理的程序性违法会被选择性忽略。

纵观我国刑事诉讼现状，其总体上配合有余而制约不足。在横向上公检法配合有余而制约不足，甚至制约机制反而成了促进配合的手段和动因，检察监督常常演变为主要对配合不力的监督；从纵向上看，上下级之间也大多密切配合，使得上下级之间监督不力，尤其在保障被告人辩护权，公检法机关有时会考虑更多的因素。从诉讼进程来看，侦查阶段的制约不足尤为突出。为及时查明事实、查获犯罪嫌疑人，侦查机关享有相对的自由权，很大程度上由侦查机关根据需要便利行事，而检察机关与审判机关则本着共同打击犯罪的宗旨而互相配合、协同作战，即使偶尔出现了权力滥用、侵犯权利、程序违法等行为，各司法机关也无法及时发现和制约。此外，侦查、起诉和审判三阶段分别由公检法三机关主导，各机关就其主导的阶段拥有权威的解释权。这样一来，即使作为审判机关的法院也不具有通过解释和适用法律来对公安、检察机关的诉讼行为进行审查的能力。〔1〕三机关在制约关系上不分主次、平分秋色的特点，实际体现为侦、诉、审各管一段的“铁路警察”式诉讼惯例方式，法院只管审理和判决，对侦查、检察过程中的活动则无权干涉。〔2〕“法官应当是不偏不倚的审判者，其职责是公正裁判控辩双方的分歧。要求法检配合，就是要求审判者与控诉人配合，而且是仅仅与控诉方配合，这未免与法官的诉讼地位和职责相冲突，势必造成结构失衡并因此而影响诉讼的公正，损害法官的公正形象，影响被告人及其辩护人对法官及其裁决的信任和信服。”〔3〕

刑事诉讼应当是一个不断查明事实真相与纠正认识偏差、追究罪犯刑事责任并保障无辜者不受追究的双重过程。在这一过程中，有效的制约对于防错纠错和保护无辜极为重要。然而，

〔1〕 史尚宽：《物权法论》，中国政法大学出版社 2000 年版，第 35 页。

〔2〕 参见王利明：《物权法研究》（修订版，上卷），中国人民大学出版社 2007 年版，第 269~272 页。

〔3〕 孙宪忠：“论不动产物权登记”，载《中国法学》1996 年第 5 期。

在我国刑事诉讼中，原本就有限的制约还具有“追诉推进性”的不当倾向，即多侧重于对撤销案件、不追究、不起诉、宣告无罪和量刑偏轻的制约和监督，注重维护司法机关权力行使的便利性而漠视对被追诉者的权利保障，从而将刑事追诉步步向前推进。“从权力行使的过程来看，不但权力之间的制约无从实现，以致出现学者总结的检警错位、检法缺位等现象，而且侦查机关可能事实上还要凌驾于法院和检察院之上，成为刑事司法领域中绝对的最强者。因为在我国，协调甚至主导法院、检察院和侦查机关办理刑事案件的机构是政法委，而一个地方的公安局长则往往就兼任同级政法委书记或在其中担任主要的职务。”[1]侦查权制约不力容易导致刑事追诉从一开始就误入歧途，还会进而导致审查起诉、审判环节处处被动受制。对于一个经批准逮捕并已被长时间关押的被告人，有些检察院在审查起诉时，即使认为不应当或不需要提起公诉，但考虑到不追究、不起诉可能引发的国家赔偿、错案追究以及侦控机关威信受损等后果，往往选择延长审查期限、补充侦查取证，甚至硬着头皮提起公诉；当一个在审前已被长期关押、相当于刑罚已被实际执行的被告人被提交审判时，法院常常不得不考虑如何去抵消已被实际执行的刑期，如何宣告无罪、罚当其罪、合理量刑。

三、司法权之地方化弱化其独立性、专属性

司法权之地方化是对国家法制统一的一种极大的破坏，与司法公正之价值追求相违背。而司法作为正义的最后一道防线也无法对正义的衰退进行抵挡之时，这将决定着法治国家的目标也绝对无法实现。我国由于行政与司法合一的历史和法院设

---

〔1〕 孙宪忠：《德国当代物权法》，法律出版社 1997 年版，第 141 页。

置基本与行政区划一致的现实等方面的原因，致使现行司法权地方化倾向明显，其最直接的表现形式就是一种司法地方保护主义，并由此致使司法难以统一。

司法地方化的第一个表现就是隶属关系的地方化。在法院和检察院两大司法系统中，地方人民法院和地方人民检察院都是由同级人大产生，对其负责，受其监督，[1]而全国人大与地方人大之间以及最高法院与地方法院之间只是一种法律监督的关系，从而形成了一种地方法院客观上隶属于同级权力机关的现实状态。虽然人民检察院系统是实行双重领导体制而使其地方化色彩并不像法院系统那么浓厚，但是这种隶属于地方的问题同样没有根除。司法地方化的第二个表现就是司法管辖区与行政区划基本一致，而这种设置为地方司法保护主义在客观上提供了基础和条件。为了实现对地方利益的保护，地方的权力机构包括立法、行政和司法三个系统都难以控制地为维护地方利益而竭尽全力。司法地方化第三个表现就是司法经费与人事任免的地方化。《宪法》第 128 条规定："中华人民共和国人民法院是国家的审判机关。"既然将其确定为"国家的"审判机关，就必须要有相应的配套制度予以保障，否则必然毫无意义。但针对法院人事制度与司法资源管理体制这个问题而言，毫无疑问是深深地打上了地方化的烙印。在法院人事任免方面，地方法院的领导职务以及法官职位都需要经地方的党委和政府人事部门推荐或指派后，由地方权力机关予以任免，因此法院人员因无法实现对地方权力的完全摆脱而成为地方的干部。在司法资源管理体制方面，受我国现行财政体制的影响，地方司法

---

〔1〕 当然地方人民检察院系统稍有不同，因为人民检察院系统实行双重领导体制，所以地方人民检察院检察长的产生除由同级人民代表大会审议通过以外，还应当报其上一级检察院检察长报请上一级人民代表大会常务委员会批准。

机关的财政经费以及物资装备等同样受制于地方政府。与此同时，司法资源甚至是诉讼费的收入也取决于地方经济发展状况以及当地企业的纳税水平，这就使得司法权在行使上既受到地方政府在客观上的掣肘，又受到地方利益在主观上的左右。司法地方化第四个表现就是在司法运作过程中的地方保护主义，案件在受理、审理以及执行的过程中都有不同程度的地方保护主义倾向。〔1〕

四、司法过程遭受法外合法性影响

司法过程应该是一个尽量追求现实法律真实实现的过程，也是一个实体正义与程序正义都要追求的过程，更应该是一个将程序正义视为高于实体正义的一个过程，即法的合法性自然是司法追求的最高目标，一旦无法完全实现便只能退而求其次——追求法律合法性。法律合法性虽然体现了对现实真实无法实现的一种无奈，但同时更体现了一种对法律的尊重。换言之，在现实真实无法实现的情况下，实现法律合法性是最佳选择。

对于法律合法性的追求，要求整个刑事司法活动都必须以法律为准绳，任何侦查、控诉、审判以及执行行为都必须严格按照法律程序进行，不受来自执法者自身的主观意志和任何外来意志的左右与操控，真正实现合法律性。然而，目前的刑事司法决策活动有时会受到外界因素干扰，比如关注“领导批示”和“社会舆论”。“领导批示”具备法外合法性主要是基于“政法化”的司法体制为其提供了一种“政治合法性”。而“社会

〔1〕 参见朱立恒：《社会主义法治理念与司法组织体系改革》，法律出版社2012年版，第175~179页。刘作翔：“中国司法地方保护主义之批判——兼论‘司法权国家化’的司法改革思路”，载《法学研究》2003年第1期。

舆论”具备法外合法性主要是因为受“司法为民、社会稳定”等政治理念的影响，其实质是一种“道德合法性”。[1]当然，不可否认“法外合法性”在某些特殊情况下确实能够帮助司法公正的实现，但是“法外合法性”最多也只是实现了偶然性、个体化的司法正义，而不是形式化、普适化的程序正义和制度正义。[2]

因为法外“政治合法性”更多的是一种政治逻辑，而不是法律逻辑。“领导批示”更多的是追求一种“政治效果”，即便是对“舆情民意”的回应，也是经过政治过滤的。这无疑是以政治逻辑裁剪法律逻辑，导致司法过程的政治化、人治化和肆意性。[3]以“李国和案”为例，同一案件，基于同样的事实，原审判决与再审判决却正反颠倒，事实认定居然也严重对立，且这种对立并不是基于新事实、新证据的发现，而是因为发现“委员长批示”乃子虚乌有，并获得“真批示”才得以“翻盘”。[4]“李国和案”中无论是“真批示”还是“假批示”，大致都遵循了相同的“政治合法化”逻辑。如果这种法外“政治合法性”的逻辑不能在司法过程中得到革除，此类事件的重演率会依然很高。如果该问题得不到解决，案件胜败将不再取决于事实与法律，而是“领导批示”级别的高低。[5]此种情形又

---

〔1〕 马长山：“法外‘政治合法性’对司法过程的影响及其消除——以‘李国和案’为例”，载《法商研究》2013年第5期。

〔2〕 马长山：“法外‘政治合法性’对司法过程的影响及其消除——以‘李国和案’为例”，载《法商研究》2013年第5期。

〔3〕 马长山：“法外‘政治合法性’对司法过程的影响及其消除——以‘李国和案’为例”，载《法商研究》2013年第5期。

〔4〕 马长山：“法外‘政治合法性’对司法过程的影响及其消除——以‘李国和案’为例”，载《法商研究》2013年第5期。

〔5〕 马长山：“法外‘政治合法性’对司法过程的影响及其消除——以‘李国和案’为例”，载《法商研究》2013年第5期。

何止限于这一个案件。早在2002年的“两会”上，任辽宁省高级人民法院副院长、后任司法部副部长的范方平代表就直言，辽宁省高级人民法院曾经审理一起经济案件，竟有15位自认为“有权说话”的领导作出批示。可想而知，批示的内容和意见大相径庭，让人民法院左右为难。[1]

法律合法性要求的是公众对法律的信仰，而法外“政治合法性”既导致民众对司法的非正常期待，也导致民众对司法的非正常参与。公众会逐渐把对司法公正的期待转移到“领导批示”和政治运行系统上，从而丧失对司法本身公信力的期待，同时还会激发公众非正常的司法参与愿望和方式。[2]然而，法外“政治合法性”很容易成为权力腐败和枉法裁判的“合法”途径。因为其将法律的合法性置于政治标准（领导意志）之下，而案件结果是否公正将寄希望于领导的政治品行和道德品性，而这将是难以控制的。[3]法外合法性的存在只会对法律合法性的实现产生一种阻滞作用，不利于司法公正的真正实现。

第二节　中国刑事司法决策模式运作之内部困境

从理论上讲，为了保障法律面前人人平等这一神圣目标的实现，不仅法律的制定要具有统一性，司法也应具有统一性。司法具有国家专有性和国家专属性，乃是国家的一种专属权和

---

〔1〕张非非、俞丽虹：“司法公正要求领导批示少些再少些!”，载 http://news.xinhuanet.com/misc/2002-03/12/content_965886.htm，最后访问时间：2013年4月13日。

〔2〕马长山：“法外‘政治合法性’对司法过程的影响及其消除——以‘李国和案’为例”，载《法商研究》2013年第5期。

〔3〕马长山：“法外‘政治合法性’对司法过程的影响及其消除——以‘李国和案’为例”，载《法商研究》2013年第5期。

专有权,[1]另外，我国并非是联邦制或邦联制国家，因此并没有属于地方的司法权的问题。从司法的独立到司法权的分立，可以清楚地看出司法权其本身是具有众多突出特征的具备独立系统性的国家权力。这一国家权力的正确运行必须以在运行过程中能够始终保持其本质特征为标志，同时，司法体制也应当以此为根据来予以设计。我国目前的司法权呈现出一种异化的状态，不论是人民法院的组织和运行体制，还是人民检察院的组织和运行体制都存在一种异化的问题。我国司法权的异化主要体现为以下几个方面。

一、审判体制内部结构的行政权威化

根据我国《宪法》第123、124、129条,《法官法》第2条的规定，中华人民共和国人民法院是国家的审判机关。法院及其法官的主要职责就是在具体案件的裁判之中，严格依法对法律予以适用，法官只需对法律负责，而不应接受任何机关或个人的指示和命令。法官依法独立行使国家审判权，法官之司法行为的权威性即代表着法律的权威性，因此法官的专业化、精英化以及独立行使裁判权已成为法治社会之共识。而在我国具体的司法实践过程中，我国现行的法官制度由于历史与政治原因，表现为一种强行政化的倾向。从司法机关发展的历史渊源

---

[1] 这里涉及司法权与立法权、行政权性质的区别的问题。与立法权和行政权相比，司法权独具国家专属性和国家专有性。立法、行政、司法三权均是国家权力的表现形式，立法权可以部分转让，也可以部分授予，所以就有地方立法、授权立法，行政权也是如此，也有地方行政和授权行政；但是司法权是不可以转让，也不能授权其他主体行使的，因而也就不能有地方司法和授权司法的存在。这两个概念或者现象是违背司法权的国家专有性和国家专属性的，与司法法治原则不符。参见刘作翔：“中国司法地方保护主义之批判——兼论‘司法权国家化’的司法改革思路”，载《法学研究》2003年第1期。

来看，我国司法机关在新中国成立初期是作为人民政府的一个组成部分而逐步发展的，这一历史渊源既带有我国漫长的封建社会所形成的一种司法从属于行政之历史痕迹，也与人民政权在战争年代的产生及发展轨迹有着难以割裂的关系。我国的政权格局虽然是“一府两院一委”，这使得司法机关在法律层面上成为与政府地位相平行的机构，但因为法院在管理体制上所存在的行政化和在司法资源管理方面所存在的地方化倾向，导致整个法官制度呈现出一种行政化趋势。不只限于此，法院在整个体制的构成、运作以及法官的管理方面与行政管理在体制构成和运作上存在广泛的一致性，几乎是按照行政体制的结构和运作模式进行建构和运行的。

司法行政化是指司法体制的行政化倾向或现象，即法院审判活动运行机制的行政化，通常体现在法院和法官的行政性地位及属性、司法审判职能运作之行政化倾向、法官人事管理制度之行政化表现，以及上下级法院之间所存在的行政化的监督关系。而长期以来，我国司法体制之行政化倾向已经将其制度性的弊端凸显出来，主要表现为法院在一些重要环节上行使司法权时并没有按照司法审判的一般规律进行，而是更加倾向于采用一种行政工作方式来对案件予以处理和对审判工作予以管理，这影响了法院的审判职能的行使。无视审判职能独立性的本质特征，把法院视为行政部门同样对待，把法官视为行政官员进行管理，从而使审判活动的行政化色彩加重，主要体现为司法权对行政权的依附性和司法体制本身的行政化倾向。

（一）司法机关的地位行政化

1949 年新中国建立之后，我国针对司法虽经历过数次改革，但至今为止，司法机关与行政机关二者之间仅仅在法定职能上实现了分离（分工），但二者在司法实践运行过程中的关系依然难舍难分。这种难舍难分的关系具体表现为：第一，司法机关没有独立的财政权，财政仍隶属于行政系统进而依靠行政方面的供给；第二，司法机关的人事任免权也被不同程度地掌握在行政机关手中，地方党委和政府对司法系统人事任免拥有推荐权；第三，司法机关具有类似于行政机关的行政级别制度。基层法院相当于行政机关副处级、中级法院相当于副厅级、副省级市中级法院相当于正厅级、而高级法院则相当于副省级。与此同时，在法院系统内部，无论是审判员、书记员、法警以及其他工作人员，均被纳入行政级别的管理之中，每一个工作人员都有与其相应的行政级别，而这则与政府内部公务员的行政级别完全一样。

行政权对司法权的干预，使得法院在审理涉及地方利益的案件时难免会受到来自相关权力机构的压力，关系案、人情案等情况难免发生，而后果就是对国家法制的统一与威信造成负面影响，也与法治国家建设的目标相违背。

（二）法官人事管理制度行政化

我国法官制度的构建从一开始便是按照党政干部制度的管理模式来进行设置的。根据 1951 年颁布的《人民法院暂行组织条例》的规定："各级人民法院院长、副院长由同级人民政府任免"，由此可见当时的法官本身就是政府机关干部中的一员。之后经历过多次司法体制改革，法官制度有所改进，但至今为止行政意味依然浓厚。而 1995 年通过的《法官法》[1]，则标志着我国法官制度向前迈进了一个新的阶段，为我国构建独立于行政机关的法官制度从法律层面上奠定了基础。然而自《法官法》

〔1〕 1995 年 2 月 28 日第八届全国人民代表大会常务委员会第 12 次会议通过，后于 2001 年 6 月 30 日第九届全国人民代表大会常务委员会第 22 次会议修正，自 2002 年 1 月 1 日起施行。

颁布以来，其相关制度并没有在司法机关中得以全面推行。如前所述，司法系统实行的依然是类似于政府行政部门的人事管理制度，系统内部的司法人员则是参照政府公务员进行管理，法官同政府公务员一样，实行的职级制度和工资制度也是“职位制和品位制相结合，以职位制为主”的制度。即使同为法官，但其地位并不一定是一种平等的关系，还有可能是一种上下级的隶属关系。除此之外，在法官的选任制度方面同样也具有浓厚的行政意味。虽然近年来在学历、知识层次以及其他任职条件方面法官的门槛逐渐提高，但是法官的任免却一直同公务员以及其他行政领导干部的任免一样，都必须要经过地方政府人事部门或者党的组织部门予以研究、审批。在这种司法行政化的体制环境下，法官要想实现“独立行使审判权”显然是困难的。因此，党的十八届三中全会发布的《中共中央关于全面深化改革若干重大问题的决定》明确指出，要改革司法管理体制，推动省以下地方法院、检察院人财物统一管理，探索建立与行政区划适当分离的司法管理制度，保证国家法律统一正确地实施。〔1〕

（三）司法审判职能行政化

法院作为司法机关其最主要的职能便是司法审判。依据对于司法即司法权产生与发展历史的研究，通说认为司法权应该具有中立性、被动性、判断性、终局性等特点，并且司法机关在履行职能时应当符合这些特征的要求。但是，“历史上，司法与行政合一、衙门就是法庭无疑是中国传统司法体制的一大特色”〔2〕，

---

〔1〕 杨小军：“法治中国视域下的司法体制改革研究”，载《法学杂志》2014年第3期。

〔2〕 刘武俊：“法官职业走出泛行政化定位的误区”，载《人民日报》2002年8月5日。

然而这种制度构造本身根本没有对司法权的特性予以考虑，并且司法与行政是在性质上存在巨大差异的两种活动。司法是一种典型的法律适用活动，追求公正的理性判断是司法之本质；而行政则是一种典型的法律执行活动，追求高效的执行效果是行政之本质。既然司法机关与行政机关在自身性质、权力属性、主要职能、人员资质及其运作规律等方面都存在实质性的区别，因此，司法就应当坚守以公正为其价值取向，以独立为其天然特色。

与此相应，法官应当独立行使审判权已为世人所普遍认可。我国长期的司法实践中对于集体行使审判权予以过分强调，相对于法官的独立过分强化法院的独立，致使在案件审理过程中法官权力相对较小，对自己负责审理的案件却往往没有独立作出决定的权力，而是异化成一种针对司法裁判的“行政审批制度”。所谓司法裁判的“行政审批制度”，其是指法院依据极具行政色彩的上令下从、垂直领导的原则，由具有较高行政级别的法官对下级法官的司法裁判进行审查并决定是否批准的制度。〔1〕这集中体现于审判委员会制度和法院行政首长案件审批制度。目前法院系统内部依然存在着从院长、副院长、庭长、副庭长直至审判长的行政审批设置，那种带有行政会议色彩的审判委员会同样仍在继续发挥着司法裁判的决策作用。〔2〕

法院系统内部运作程序往往是：案件在经过独任审判员或者合议庭的审理之后，由独任审判员或合议庭商讨之后进而提出处理意见，并就此向相关业务庭的负责人和主管该业务的院

〔1〕 陈瑞华：“司法裁判的行政决策模式——对中国法院‘司法行政化’现象的重新考察”，载《吉林大写社会科学学报》2008年第4期。

〔2〕 陈瑞华：“司法裁判的行政决策模式——对中国法院‘司法行政化’现象的重新考察”，载《吉林大写社会科学学报》2008年第4期。

领导进行请示汇报，并由相关领导对案件处理意见作出批示。如果法院主管领导对案件难以作出决定，那就需要提交法院审判委员会进行集体讨论以作出决定。如此一来，在案件审理过程中法官往往只负责对案件的事实进行审理，而案件的最终判决结果更多的是由领导或审判委员会作出决定，但是对于领导的权威意见以及审判委员会的相关决定从形式安排上，却只是附在卷宗副本上且不对外公开。如此一来，实际上只有案件的事实才属于法官的审理范围，而对于法律适用则属于审批范畴。[1]最高人民法院副院长江必新认为："现实中，庭长、院长对审判工作的组织、协调、指导、监督的职责往往被浓缩或异化为对案件的把关权和对裁判文书的审核签发权。这种做法，事实上将庭长、院长的管理、监督权变成了不具有正当程序的审批权，变成了个人凌驾于审判组织之上的法外特权。"[2]

司法裁判的行政审批制的另一种突出表现便是审判长或主审法官的庭长化。按照最高人民法院"第一个五年改革纲要"的设想，推行审判长和独任审判员的选任制度，目的就是在于积极发挥他们在庭审过程中的指挥与协调作用，这样一方面可以尽量使优秀的资深法官独立行使审判权，进而改变以往那种大量水平不高的"审判员"或"助理审判员"充斥在审判第一线的局面，另一方面也可以借此扩大合议庭独立行使审判权的范围，而相对减少院庭长审批案件的范围，从一个侧面促使审判委员会只对少数重大复杂的案件进行讨论决定。然而，如此一来又发生了另外一种情形：这些被赋予了较大权力的"审判长"，一方面从院庭长或者审判委员会那里获得相对独立的审判

〔1〕张能全："论以审判为中心的刑事司法改革"，载《社会科学战线》2015年第10期。

〔2〕江必新："论合议庭职能的强化"，载《人民法院报》2002年9月18日。

权，另一方面也攫取了其他普通法官的独立审判权，从而使自身成为一种架空了合议庭的超级法官。这是因为，在审判长负责制的制度要求下，案件往往被统一分配给由审判长负责的审判组，而审判长则代表本审判组受理案件，并组织合议庭进行法庭的审理工作，其他法官或者人民陪审员则只是充当普通合议庭成员。而对于并非由自己亲自参与审理的案件，审判长却有权组织合议庭，或者直接委任某一法官独任审理案件，并对最终的审理结果签署意见。如果遇到与合议庭、独任法官意见不一致的情形，审判长则可以直接根据自己的意见作出裁决，本审判组内的普通法官往往也要服从。

由此可见，审判长逐渐具有了与审判庭庭长相类似的行政职务属性。同时还表明，各级地方法院在积极推行弱化院庭长行政审批制度的改革之后，审判长或主审法官却在事实上取代院庭长而进行此种类似于行政审批的司法决策活动。之所以会形成此种尴尬的局面，主要是基于对以下问题的考虑：如很多法院面临着一些法官素质并不高、审判能力并不强并且容易滥用自由裁量权等问题。基于此，法院院长则更愿意向少数业务素质较高的法官放权，如此一来，一方面可以保证大多数案件的审判质量，而另一方面也便于院长对这些审判长实施控制与管理，进而以降低行政管理的成本。法院则通常也会给审判长配备相对更多的审判资源，这些主要包括所拨付的办案经费、所给予的出外考察的学习机会等，还有审判长对本审判组内的普通法官、法官助理以及书记员等拥有考评权、选择权甚至奖惩权。因为对于某一审判组负责审理的案件，审判长往往要承担较之于其他法官更为重大的责任。各地在推行审判长或主审法官制度过程中，都不同程度地将审判长视为本审判组所审理案件的主要负责人，而在案件出现错案或者考评不合格之时，普通法官则通常只会承担很小一部分责任，而最主要的责任则由审判长承担。换句话说，真正对案件的审判承担责任和风险的，既不是案件审理的合议庭，也不是普通的法官和人民陪审员，而是本审判组的审判长或者本审判组的主审法官。

法院司法裁判的行政审批制度之存在现实，显示出法院之司法行政管理职能与司法裁判职能处于一种混同状态而非严格分离状态。法官行政层级制度的安排对于处理法院内部的司法行政管理事务显然是一种无可厚非的安排。因为按照行政管理一般规律的要求，行政事务的处理尽量追求高效和统一、尽量减少不必要的内耗和争执。而要实现这一要求，严格的行政层级制度、上令下从的决策原则以及垂直领导的管理体制，这些毫无疑问都属于必须遵守的最基本的行政管理规范。在中国现行司法体制下，法院内部的的确确存在许许多多十分复杂的司法行政事务需要处理。而对于这些司法行政事务，法院别无选择而只能按照行政权行使的原则予以管理。〔1〕然而，对此也有学者指出，“虽然法院系统内部行政管理制度的设置具有其自身的合法性，但是法院的行政管理制度可能侵入、侵蚀审判制度，进而造成正式审判制度的变形”〔2〕。并且实践也证明：让司法机关承担大量极具主动性、倾向性的类似强制执行之类的行政性职能，极易使司法机关陷入错综复杂的社会关系之中，最终必然会对司法机关的独立性、中立性造成影响。正如学者朱苏力对法院的分析，“正是中国法院内部有如此之多的行政性事务，使得该系统从内部就有一种对行政制度的需求”〔3〕。最终，

〔1〕陈瑞华：“司法裁判的行政决策模式——对中国法院‘司法行政化’现象的重新考察”，载《吉林大写社会科学学报》2008年第4期。

〔2〕朱苏力：“论法院的审判职能与行政管理”，载《中外法学》1999年第5期。

〔3〕朱苏力：“论法院的审判职能与行政管理”，载《中外法学》1999年第5期。

我们不得不把司法机关建成行政机关那样的结构。

（四）司法机关审级间行政化

我国法院由最高人民法院和地方各级人民法院组成，后者又分为基层人民法院、中级人民法院和高级人民法院。理论上讲，法院依照法律规定独立行使审判权，上下级法院之间应当是一种纯粹的审级监督关系，并不存在隶属关系和任何行政关系。但在实际工作当中，上下级法院之间除了审级监督关系外，还存在着大量的行政监督和行政指导关系。上级法院对下级法院的审级监督本来应当是通过上诉程序来实现的，而不能和行政机关一样通过所谓的请示、汇报、指示、命令来实现。即“法院作为司法机关在自己的审级中是独立审理和裁判案件的，法院对自己审理的案件有独立判断并作出认定的权力”〔1〕。但是，我国的下级法院始终把上级法院当作自己的上级机关来看待，遇到疑难和重大问题时普遍的习惯做法是：向上级机关汇报、请示相关问题，以期得到上级机关的答复，最后以上级机关答复的意见作为内部事务处理或者案件判决的依据。

此外，在案件审理上，最高人民法院还经常对地方各级人民法院报来的针对某些具体案例的请示给予相关意见批复，而这些针对具体案件的批复，则成为最高人民法院司法解释的一部分，地方人民法院把这些行政化的批复当作案件审判的依据等。试想，如果允许上级法院直接干预下级法院对案件的具体审理，必将架空审级制度。〔2〕

导致司法行政化的原因有很多，其中有历史的原因，如受

〔1〕胡夏冰、冯仁强主编：《司法公正与司法改革研究综述》，清华大学出版社2001年版，第138页。

〔2〕张卫平：“论我国法院体制的非行政化——法院体制改革的一种基本思路”，载《法商研究》2000年第3期。

我国历代的司法行政一体化的历史文化传统的影响，人们认为通过这种一体化可以体现法院和法官的地位和威严。当然最主要的原因还是体制因素。我国法院体制的构建与发达法治国家的现状仍存在一定的差距，新中国成立之初主要是为了满足专政的需要，法院的行政化职能得到了强化。随着市场经济体制的建立和法治国家原则的逐步确立，这种行政体制的弊端就逐渐凸现出来。〔1〕司法行政化带来了很多问题，这是一个不争的事实。司法行政化为行政干预司法打开了方便之门；司法行政化破坏了当事人与法官所构成的三角结构的平衡；司法行政化使得法院难以独立判案，法官不仅要受到外部干扰，还受上级法院或者本级法院行政级别高的法官的影响，导致案件处理权责不一致，缺乏效率；司法行政化影响正常的上下级法院的审级监督关系，使得上下法院之间领导与被领导的关系强化。

二、审判价值追求的实体化倾向

审判的价值在于追求法律上的真实而非事实上的真实。通过审判实现法律真实与事实真实的统一，当然是最理想的境界。那么通过审判实现社会正义的具体标准是什么？标准就是严格追求法律上的真实。法律上的真实首先强调的是程序正义，即通过法定审判程序来保证司法权正当运行机制的构建。而我国长期以来奉行实事求是、有错必纠的司法原则，强调的是最大限度地追求事实上的真实，对程序正义的重要地位则认识不足，从而导致“重实体、轻程序”这一司法倾向的普遍存在，“程序法从属和服从于实体法”成为长期以来左右审判实践的理念。我国现有的刑事司法制度和程序技术从侦查、起诉和审判权力

〔1〕 参见张明乃、陆福兴：“司法行政化对司法公正的危害”，载《湖南农业大学学报（社会科学版）》2004年第6期。

的配置和运行机制，到诉讼参与人的权利和义务设计，再到从立案侦查到审判、执行的程序设计，均充分体现了“打击优先于保护”“实体优先于程序”“国家利益至上”等理念。[1]可以说，在我国现行司法背景下，审判的实体化导致司法权中立、消极两大特征的式微，是司法权异化的一个重要原因和体现。

这一实体化倾向的一个最主要的表现便是程序回转机制中的绝对真实探知主义。程序回转是指在刑事诉讼过程中出现某些特殊原因，诉讼程序返回到先前诉讼阶段重新进行的活动。检察院决定的程序回转包括检察机关在审查起诉阶段作出的将案件退回侦查机关补充侦查或者退回侦查机关处理的决定、在审判阶段检察机关作出的退回补充侦查或者撤回起诉的决定。法院决定的程序回转包括二审法院作出的以事实不清、证据不足为由的发回重审裁定和以违反法定程序为由的发回重审裁定，此外还包括再审阶段的发回重审裁定和死刑复核阶段的发回重审裁定等。从原则上讲，诉讼程序不应当回转，因为程序本身具有“作茧自缚”效应。“经过程序而作出的决策被赋予既定力，只有通过高阶的程序才能被修改。具体来说：其一，程序进程具有单向性；其二，程序运行必须体现效益原则。”[2]

我国刑事审判受实质正义价值观的影响，在具体程序运行机制中存在着程序回转常规化和随意化现象，其深层次原因在于绝对的实体真实探知主义观念作祟。具体表现为：其一，除了退回补充侦查之外，我国现行《刑事诉讼法》废除了审判机关在庭前审查或法庭审理过程中直接将案件退回检察机关的做

---

〔1〕 孙长永、王彪：“论刑事庭审实质化的理念、制度和技术”，载《现代法学》2017 年第 2 期。

〔2〕 张能全：“论以审判为中心的刑事司法改革”，载《社会科学战线》2015 年第 10 期。

法，但如果检察机关主动提出补充侦查建议时，法庭都会休庭并作出延期审理决定。其二，现行《刑事诉讼法》第 189 条规定了二审法院对于事实不清、证据不足的案件的两种处理方式：要么在查清事实后改判；要么裁定撤销原判，发回原审人民法院重新审判。司法实践中绝大多数都适用了发回重审而不是改判，具体情况包括：一是二审法院为了查清事实而发回重审；二是因检察机关提出抗诉导致案件被发回重审；三是二审法院本应改判，但为照顾下级法院的情面而发回重审；四是二审法院为规避审限而发回重审；五是二审法院为规避上诉不加刑原则而发回重审等。[1]其三，在死刑复核程序中，拥有复核权的法官在死刑复核的过程中，如果不同意判处死刑的案件，在提审和发回重审之间往往选择后者。其四，在审判监督程序中，根据《刑事诉讼法》规定，依照第二审程序审理的案件，如果事实不清或者证据不足，要么在查清后改判，要么撤销原判，发回原审人民法院重新审判。实践中，再审法院一般选择发回重审而不会选择改判。可以看出，发回重审常规化与随意化适用现象比较突出。[2]

三、审判程序的形式化

以权利制约权力，是权力制约的重要方式之一。但是，在我国刑事诉讼中，分工负责、配合制约原则强调的是公检法之间的互相配合与互相制约，是侦查权、控诉权与审判权之间的权力互动，被追诉者则被排斥在权力互动的主体之外，沦为公

〔1〕 葛琳："行使诉讼程序回转现象之反思"，载《西部法学评论》2010 年第 6 期。

〔2〕 张能全："论以审判为中心的刑事司法改革"，载《社会科学战线》2015 年第 10 期。

权力作用的对象或客体。被追诉者与辩护人过于弱小、权利虚化，根本不足以构成对侦查权、控诉权与审判权的制约。尽管立法明确规定了拘留、逮捕、搜查的条件，但被执行拘留、逮捕、搜查的犯罪嫌疑人却无权请求提交司法审查；犯罪嫌疑人及其近亲属、律师有权申请取保候审，但司法机关无需任何理由即可加以拒绝；辩护律师有权调查收集证据，却以有关单位和个人同意接受调查为前提；犯罪嫌疑人、被告人有权自行辩护或者委托辩护人为自己辩护，但其效果常常是“你辩你的，我判我的”，甚至被视为认罪态度差、缺乏悔罪表现。

根据传统司法理念，刑事审判只是政法机关打击犯罪流水线上的一个环节，审判在一定意义上是对已经检察院检验的“公安产品”予以“盖章”，证明其“合格”。〔1〕刑事审判总体上属于一种“政策实施型”的司法活动，一些刑事案件的审判都是一种“过场”，仅仅是对侦查结果的确认而已，整个刑事审判呈现出明显的“形式化”特征。其主要表现在：第一，从刑事审判权力的运行机制来看，各种名目的批案制和“庭外定案制”影响很大。第二，从控辩审三方关系来看，由于多数被告人没有辩护人帮助或者由于辩护人的辩护权利有限且常常受到限制，面对强大的公诉方，辩护方显得无力。第三，从审判过程来看，由于证据规则、程序规则不健全，证人、鉴定人不出庭，举证责任和证明标准制度得不到落实，公诉方举证上的书面证据中心主义、法庭质证上的形式主义、法官认证上的裁量纠问主义等问题交织在一起〔2〕。

---

〔1〕 孙长永、王彪：“论刑事庭审实质化的理念、制度和技术”，载《现代法学》2017年第2期。

〔2〕 孙长永：《探索正当程序——比较行使诉讼法专论》，中国法制出版社2005年版，第479~485页。

第五章
中国刑事司法决策机制之完善

第一节　外部关系调整与完善

一、明确权力界限，确保审判权的统一性、独立性

刑事司法决策活动贯穿于整个刑事司法运行的侦查、起诉和审判的每个阶段，可以说每个阶段都对刑事司法决策的最终结果起到至关重要的作用，并且侦查、控诉和审判三项权力的安排以及相互关系也直接决定了刑事司法决策的合法性。前述我国刑事司法决策运行的现实状态呈现出一种侦查中心主义的诉讼构造和案卷中心主义的审判方式，而这种侦查中心主义的诉讼构造和案卷中心主义的审判方式是导致我国目前刑事司法审判活动呈现形式化的最重要的原因。而审判活动的形式化又导致了刑事司法审判的种种弊端的出现。如要真正解决我国目前刑事司法活动过程中所存在的形式化以及其他种种弊端，必须改变这种侦查中心主义的诉讼构造和案卷中心主义的审判方式，而要改变这种侦查中心主义的诉讼构造，最主要的前提便是需要对侦查、控诉、审判三项权力进行清晰界定，使其不再存在界限模糊、相互交叉、缺乏制衡的状况。而要改变案卷中心主义的审判方式，则必须对审判阶段中控诉、辩护和审判三项职能的相互关系予以安排，尽量使其相互之间存在制衡，进

而保证审判的公正。

如要改变现存侦查中心主义的诉讼构造，必然首先要求实现法院审判之独立，保证其不受来自公安机关侦查权和检察机关控诉权之干涉；其次，便是要实现侦查、控诉和审判三权之间的相互牵制与制衡。只有如此才能保证三机关各司其职而又不相互僭越，从而保证审判之相对独立。

（1）实现侦查目的之重新定位并建立刑事诉讼审前羁押的司法审查制度。刑事司法侦查权的行使一定是坚持侦查犯罪与保障人权并重，不可过分注重对于犯罪活动的侦查而导致对人权保障的忽略，一定要明确刑事司法活动惩罚犯罪的目的也是更好地保障人权，只有如此定位才能真正从执法理念方面实现转变。除了从理念上出现转变，还要通过法律直接规定刑事司法侦查行为只负责侦查关于案件本身的所有事实证据，并且对于有罪、无罪两方面的证据都需要侦查，而不能仅限于对有罪证据的侦查，更不能为了证明嫌疑人有罪而采取非法措施进行非法取证。对于侦查目的的重新定位只能从侦查机关内在自身起到约束作用，而效果完全取决于侦查机关和侦查人员自身的控制力。因此，还必须要从外部实现对权力的制衡，才能真正保证侦查行为的合法性。从外部权力制衡的视角予以考虑，必须实现审前羁押强制措施的司法审查制改革。对审前羁押强制措施进行司法审查，这几乎是所有法治国家的通例。为平衡预防犯罪和保护人权的两大目标，可以借鉴法国等西方发达国家的做法，将我国目前刑事诉讼中的逮捕、拘留等临时性强制措施和羁押分开，规定只要羁押时间超过 48 小时的强制措施应该由法院审查批准，在 48 小时以内的羁押可由检察机关或公安机关自行决定。同时还应通过立法保障当事人就审前羁押等强制措施诉诸司法救济即交由人民法院进行审查的程序权利。[1]我国目前《刑事诉讼法》不但规定了检察机关有权对于特定案件行使侦查权，同时还明确了其提起公诉和法律监督的权力和责任，这些不同的权力集于检察机关一身，决定了检察机关在刑事诉讼当中，要在不同的角色之间不停地切换，而这些角色往往又有着不同的、甚至可能会是相反的利益诉求。如侦查权希望其尽可能发现更多的犯罪事实和证据，而司法权则要求侦查应遵守基本的法律，这就使得检察机关在对公安机关和自身侦查需要采取的羁押等限制人身自由的强制措施时监督不够。刑事诉讼是解决国家与个人间争议的活动，检察官与公安机关参加刑事诉讼是代表国家对犯罪嫌疑人进行立案追诉，难以要求其保持中立，而人民法院则不然。因此有必要将审前羁押措施回归到以人民法院为主导的司法审查中来，由处于相对中立的人民法院予以核准，防止检察机关成为身兼部分案件侦查职能与公诉职能、监督职能的超级警察，使审前羁押措施回归正常。[2]

（2）重新定位和划分检察机关的司法监督职权。如前所述，目前检察院“法律监督机关”的职能定位，在刑事诉讼中容易成为法院独立行使审判权的障碍，因此有必要重新定位和划分检察院在司法体系中的职能，重构法检双方的权力配置关系。改革的核心是取消检察机关在刑事案件中的法律监督者角色和当事人角色合一的现状，使控辩双方能在法院的主持下平等地参与刑事诉讼。应将检察院定位为公诉机关的角色，应明确其

---

〔1〕陈卫东：“司法‘去地方化’：司法体制改革的逻辑、挑战及其应对”，载《环球法律评论》2014 年第 1 期。

〔2〕刘成高、蔡伟民：“刑事诉讼中法检权力配置关系研究”，载《西南民族大学学报（人文社会科学版）》2016 年第 6 期。

刑事追诉和以公益代表人身份参与民事行政公益诉讼的主要职能。因刑事追诉涉及职务犯罪，民事行政公益诉讼的被告可能是行政机关，检察机关要行使这两大职能，都必须有相应的独立地位和一体化的组织机构，因此检察机关仍应定位为独立于行政机关的机构，而非行政机关的下属部门。应该适度限制检察机关在自侦案件和普通刑事案件中审讯当事人的权力过度使用，比如对讯问次数的限制，保障辩护律师参与旁听其讯问当事人的权力，防止因其询问过程中的诱供和逼供（包括公安机关的预审）而致使法庭审判陷入先入为主的情况。〔1〕

为维护司法判决的终局性原则和司法权威，应修正检察院在刑事诉讼中提起再审的制度。检察院回归公诉人角色，意味着检察院没有直接提起再审的权力，而只能同当事人提起申诉一样申请再审。取消检察机构利用公诉权对法官进行直接追诉的可能性，建立独立的司法审判规律和法官惩戒制度，为法官的独立审判提供制度屏障。同时，为维护法律的统一性和权威，还应取消检察院对司法程序的任意解释权，将司法解释权仅赋予立法机关和人民法院行使。〔2〕

（3）加速司法体系的去行政化进而保证审判权独立行使。首先，从宪制框架设计和司法制度内部完善两个方向着力破解司法管理系统去行政化和地方化难题，建立以审判为核心的独立司法运行和管理模式，从体制上对人民法院和人民检察院进行调整，对其财政制度、监督制度进行改革，实行独立的国家统一财政。由于刑事诉讼的核心是刑事审判，所以必须为法官

〔1〕 黄雀莺：“论法院和检察院的权力配置关系”，载《福州大学学报（哲学社会科学报）》2015年第3期。

〔2〕 刘成高、蔡伟民：“刑事诉讼中法检权力配置关系研究”，载《西南民族大学学报（人文社会科学版）》2016年第6期。

建立一个可以信赖的、系统化的体制保障。通过人大立法明确人民法院判权在司法体系中的核心地位，采取人、财、物上下一体式垂直管理的司法体制，从制度上保障各级人民法院都成为名副其实的国家审判机关，打破司法管辖区与行政管辖区完全重合的管理体制。根据现实需要设置不与行政区划重合的、相对独立的司法管辖区域，确保各级法院的法官具备独立的“司法人格”，从而客观、公正地作出自己的判断。要在维护审判权威与促进司法公正相结合的基础上行使检察机关的监督权，检察机关在行使监督权时不能先入为主，更不能以此作为条件迫使人民法院的量刑按照检方的意志量身定做。检察机关在启动再审、抗诉等监督程序中要排除对案件的人为干扰。注重社会公众对刑事审判监督的反响，注重刑事审判监督产生的社会效应。另外，应取消法官和检察官在职务晋升和工资绩效评价指标方面与当地政府部门的联系，在强化司法机关专业人员系统内部流动基础上，取消司法机关专业人员与党政机关一般工作人员的级别比照和职位混同，减少和杜绝行政权力对各司法机关办案目标的统一协调。[1]

如果要改变案卷中心主义的审判方式，则必须对刑事司法活动审判阶段的控诉、辩护和审判三项职能作出合理安排，进而使其实现一种制衡以保证审判的公正。刑事司法活动的审判阶段存在控诉、辩护和审判三大职能并立的三角形架构安排，这一安排不仅仅是追求一种形式上的意义，更注重对实质价值的追求。如果审判阶段三大诉讼职能的划分只是形式上的一种安排却不存在实质上的制约关系，那么刑事诉讼活动与行政管理活动在某些方面就具有了同质性，所进行的审判活动也就变

〔1〕 刘成高、蔡伟民：“刑事诉讼中法检权力配置关系研究”，载《西南民族大学学报（人文社会科学版）》2016年第6期。

成了只有诉讼之名而无诉讼之实。如要真正体现刑事司法审判的价值，则必须构建一种三大职能之间的制衡型诉讼机制。而要构建一种制衡型诉讼机制，则必须首先对司法权力予以进一步细分并明确分配，以明确权利界限进而改变公检法所存在的职权交叉、权力界限不明而影响权力制约的现状。如将检察机关同时拥有的法律监督权、自行侦查权与审查起诉权予以拆分；将公安机关的拘留、搜查等权力进一步划分为审查批准权与执行权，并将审查批准权分给法院或检察院行使；将法院的审判权划分为定罪权与量刑权，并引入陪审等制约机制等。在三项职权界限分明的基础上，进而实现三项职能之间的相互制衡，以保证整个刑事司法审判过程的合法公正。

二、调整、强化权力制约机制，防止“追诉推进性”的不当倾向

首先，应当以严格依法履行职责取代互相配合为要求，在对司法权力进行科学、合理的分工的前提下，明确公检法严格履行各自职责就是最好的配合。其次，应当取消、调整不合理的有害性制约，如：严格限制审前长期羁押，防止检察机关审查起诉和法院审判反受其制；将法院审判的重心转移到防止冤及无辜、量刑不公上来，重在审查把关、公正裁判，而不是侧重支持刑事指控。最后，对于侦查行为的合法性尤其是强制措施的采用与变更，被追诉方应当有权提请法院进行司法审查。“攻击与防御不仅应体现在法庭审判中，在审判前的侦查和审查起诉中也需要进行充分的防御准备甚至攻防双方的交锋。在审判前就赋予犯罪嫌疑人以有力的防御武器，是‘平等武装’原则的体现，也是以防御力量抑制国家专门机关的权力使之不被

滥用的基本策略。”[1]此外，针对法院承办人制度所致的有名无实的合议，法庭审判基本不受证据规则约束和制约，检察官任意选择宣读笔录、证人根本不出席法庭审判，法院判决缺乏对理由、依据的详细说明和论证，辩护不能对法庭裁决产生实质性约束和制约等问题，[2]还应适当强化和严格执行对法院审判的制约，使法庭审理真正成为法官作出裁判的信息来源和基础。

（一）外部体制应当以法院为中心

在刑事审判体制的外部关系中，尽管侦查、起诉处于审判的前置顺序，但其主要任务在于推进诉讼程序的进行而并不具有实质性的评判功能与处分性质，审判机关作为解决刑事争端的主体机关，处于刑事司法最为核心的程序环节与最为重要的诉讼地位。确立审判中心主义的基本理念与诉讼构造，就必须强化外部体制中的法院中心地位。这是因为：“在现代司法理念中，法院的裁判对于案件的实体处理具有终局意义，能够最终决定案件的命运，此乃司法至上的实体意义；同时，法院在刑事诉讼中处于权威地位，对案件处理的整个过程能够发挥决定性作用，此即司法至上的程序意义。在此观念下，法院的裁判活动居于刑事诉讼的中心，审前程序的诉讼活动自然成为法庭审判的准备活动，整个刑事诉讼程序也只能围绕审判程序设计。”[3]

（1）从刑事司法的价值目标与基本功能着眼，应当充分肯定审判在程序中的关键作用，继而肯定法院在专门机关中的核

---

〔1〕张建伟：“从权力行使型到权力抑制性——刑事程序构造的重新设定”，载《政法论坛》2004年第3期。

〔2〕陈瑞华：“近年来刑事司法改革的回顾与反思”，载《国家检察官学院学报》2008年第1期。

〔3〕樊崇义、张中：“论刑事司法体制改革与诉讼结构之调整”，载《环球法律评论》2006年第5期。

心地位。实际上，作为行使国家刑事司法权的机关，公安机关、人民检察院和人民法院理论上处于平等的法律地位，但在解决严重冲突中其所发挥的作用不同，这是由这些专门机关各自的职能分工不同所决定的。

（2）从职能角度看，本着职能区分原则，侦查机关与检察机关共同行使控诉职能，审判机关行使裁判职能，刑事被告人和辩护人共同行使辩护职能。倘若外部体制以侦查为中心或者以检察为中心，整个刑事诉讼结构就会发生倾覆，裁判者职能就会被架空，控诉者就会主导整个诉讼程序，辩护职能难以得到有效发挥，行政化的定罪机制就会产生，刑事审判形式化现象就不可避免。刑事司法外部体制只有以法院为中心才能恰当处理控诉、辩护与裁判之间的关系，诉讼主体权能才可能得到正常发挥，从而推动刑事诉讼程序有序展开并最终完成其目标。

（3）从职权配置看，侦查程序是刑事诉讼的准备程序，通过收集犯罪证据与查找犯罪嫌疑人为审查起诉提供对象。犯罪对于公民个人权利侵害的严重性决定其启动的及时性与高效性，因此必须贯彻侦查高效原则以有效整合侦查资源。由于侦查可能侵害公民个人的基本人权，需要全面贯彻司法审查原则与令状原则从而保证侦查行为的正当性。为提升侦查效益，确保侦查质量，需要贯彻检警一体化原则，赋予检察机关指挥命令侦查机关的全部职权。倘若侦查程序与审查起诉程序成为中心环节，侦查机关与审查起诉机关成为核心机关，刑事诉讼职权配置就会乱套。司法审查原则与检警一体原则也就无从贯彻实施，就会出现法庭审判服务于审查起诉，而审查起诉服务于刑事侦查的程序倒置现象。如此一来，检察机关与审判机关的职权最终都会被侦查机关所侵蚀、同化甚至取代。

（4）从诉讼目的来看，刑事司法活动就是通过查明案件事实，适用法律定罪处罚，实现惩罚犯罪与保障人权的目的的。侦查的主要任务在于收集证据与查找及保全犯罪嫌疑人，审查起诉的主要任务在于对侦查机关收集的证据进行审查，法庭审判通过控辩双方提出的主张及证据进行审理，在查明事实的基础上作出判决。只有以法院为中心，侦查机关与检察机关行使各自的职权，各自归位，为审判贡献自己的力量，刑事诉讼的最终目的才可能实现。

（二）内部体制以法官为中心

德沃金教授曾经指出："法院是法律帝国的首都，法官是帝国的王侯。"[1]司法独立原则的核心在于法官独立，如果没有法官的独立审判，法院的独立与司法权的独立就会落空。同时，司法的理性在本质上是个体性的，全部司法程序是为保证审判法官的客观判断和公正判决而设置的，司法责任应当是个体化的。[2]实际上，司法职能的独特价值在于提供独立、公正、个案化和终局化的争议解决方式，在这个过程中，法官仅能依据法律的规定、自身的良知以及经过长期训练而获得的司法技艺作出判断，而不应受制于任何权威或"上级"。[3]从法治发达国家的经验看，法官的法律地位及职业保障、职权保障，往往是司法制度设置的重中之重。为了确保法官能够无惧于政治压力、社会舆论压力与非专业意见的干扰，绝大多数国家都通过立法明文规定法官的职业保障。那是因为司法公正是社会公平正义的核心，司法是社会公平正义的最后保障线，司法裁判者

---

〔1〕［美］德沃金：《法律帝国》，李常青译，中国大百科全书出版社1996年版，第361页。

〔2〕龙宗智、李常青："论司法独立于司法受制"，载龙宗智：《相对合理主义》，中国政法大学出版社1999年版，第172页。

〔3〕韩大元："论审判独立原则的宪法功能"，载《苏州大学学报（法学版）》2014年第1期。

本人是高度理性的法律人，是正义和智慧的化身。他们通过长期的法律专业理论的研习，再经过长时间的法律实践，具备了精深的法律素养与深厚的理论修养，心怀追求正义的法学家禀性与不为权势名利金钱所诱惑的浩然正气。实际上，“法官职业化和精英化是法治对现代司法体制的必然要求。先行的法治发达国家均有高度自治的、权威的职业化、精英化的法官群体来支撑，并对本国的法治建设起着举足轻重的作用”〔1〕。倘若法院内部体制不是以法官为中心而是单纯强调以法院为中心，法院本身又是由院级领导、各庭庭长等中层领导及普通法官和其他工作人员组成的，按照行政权力的下级服从上级原则进行调整的话，法院中心就会变成院长中心，继而陷入法院行政化的泥潭。

法院内部体制以法官为中心，必须确立以下基本制度。其一，建立专门的法官选拔制度。司法公正的终极目标对审判人员的专业能力和人格品质提出了较高的要求。在专业能力方面，法官必须受过专门的法律训练并且精通法律，熟悉审判业务；在人格品质方面，法官应当正直无私，恪守中立。为此，要求初任法官必须通过法律职业资格考试并经过实习合格方能担任，上诉法院的法官应当从基层法院的优秀法官队伍中选拔，尤其是应当向律师和法学学者开放，将业务熟练的优秀律师和学问深厚的正直学者选拔到法官队伍中来。其二，建立专门的法官任职保障制度。为保障法官正直而审慎履行职务且无经济方面的后顾之忧，应当具体建立以下职业保障制度：一是法官的任期固定；二是法官实行高额薪金；三是法官晋升以能力和操守为根据；四是对法官的惩戒由较高的专门司法委员会进行。其三，为保障法官独立客观地行使职权，应当建立法官的责任豁

〔1〕

免制度，保障法官在执业过程中其言行不受刑事惩罚和民事追究。其四，建立确保法官独立行使职权的程序保障制度。一是建立区别于行政区划的审判管辖制度；二是完善法官回避制度；三是严格实行合议制度和陪审制度，取消审判委员会制度；四是建立预审法官制度，实现预审法官与庭审法官在程序中的相对隔离。

第二节　内部关系的调整与完善

一、完善权利制约权力机制的程序化、规范化

在我国，以人为本、崇尚人权，这是实现政治文明、民主法治的重要内容，惩罚犯罪只是刑事诉讼法目的的一个方面，其目的的另一个重要方面就是保障人权，而且惩罚犯罪从最终目的来说还是保障人权。而刑事诉讼中的人权保障关键在于保障犯罪嫌疑人、被告人的诉讼权利不受公安司法机关及司法人员的侵犯。[1]刑事辩护是防止对被追诉者不当羁押、非法折磨、错误追诉、错误判决的重要制约，也是发现无罪、罪轻证据的主要途径之一，绝不能将其视为帮助犯罪分子逃脱罪责、与司法机关作对的工具从而漠视对辩护人的权利保障。我国刑事诉讼中出现的法院反而受制于侦控方的不正常现象，既与未能形成以法院司法裁判为中心的机制有关，也与辩方过于弱小而无足轻重，难以形成对侦控权与审判权的有效抗衡制约有关。强化被追诉者及其辩护人的诉讼地位与权利保障，不仅有助于在力量均衡的基础上实现控诉、辩护和裁判三方相互制衡，防止控方权力成为行政性治罪的专断力量，制约司法恣意，而且也

〔1〕 陈光中：“刑事诉讼法再修改之基本理念——兼及若干基本原则之修改”，载《政法论坛》2004年第3期。

有利于吸收不满、获得信任，使诉讼过程和裁判结果更易于为被追诉者所自愿认可和接受。

“程序的实质是管理和决定的非人情，其一切布置都是为了限制恣意、专断和过度的裁量。”〔1〕美国联邦最高法院大法官道格拉斯也认为，“权利法案中的大多数条款都与程序有关，这并不是没有任何意义的，正是程序决定了法治与恣意的人治之间的基本区别。坚定地遵守严格的法律程序，是我们赖以实现法律面前人人平等的主要保证”。刑事诉讼中的权力制约，不仅意味着对其他机关行为结果的审查把关、纠正错误和偏差，关键还在于程序上、过程中的互相牵制与互相约束。因此，应当注重制约机制的程序化、规范化，如：在制约措施的设置上注意事先预防与事后纠正相结合；对制约权力滥用与加强对不履行职责的监督并重，强化对不当的立案侦查、错误追诉、错误定罪、量刑不公等问题的制约。此外，权利对权力的制约最终往往要借助于权力之间的制约来获得保障和发挥作用，其环节通常包括当事人提出异议和请求、由一定的机关来裁判或决定并明确其法律效果。因此，以权利制约权力的程序设计必须包括保障当事人充分参与和知情、赋予提出异议或申请的权利、由中立的机构裁断、规定明确的法律后果等。

二、突出程序正义，强化司法审判的程序制约

刑事审判之实体化倾向是我国司法权异化的重要原因之一。对于实体正义的过分追求必然导致对实体结果的强调，从而导致事实真实与法律真实之间的难以平衡，进而导致过多的主观因素和外部因素介入到刑事司法审判过程中。因此，要摆脱这

〔1〕 季卫东：《法治秩序的建构》，中国政法大学出版社1999年版，第57页。

种审判价值追求的实体化倾向与审判程序形式化的困境，必须首先要摒弃这种“重实体、轻程序”的审判理念与传统，明确刑事司法审判追求的是法律真实而非事实真实，并在整个审判过程中要突出审判程序之价值，进而避免一些容易影响司法公正因素的介入，进一步强化司法权之中立性。而要实现突出程序正义、强化程序制约之目的，需要做到如下几方面。

（一）事实发现机制以一审为中心

刑事诉讼讲求以事实为依据、以法律为准绳，以此为视角便可将刑事诉讼活动划分为事实认识活动与法律适用活动这两个组成部分。按常理而言，法庭只有在将案件事实真相查明的前提下才可能正确适用法律以解决案件纠纷。同时，对于案件事实的查明需要遵循辩证唯物主义认识论的基本原理，即讲求实事求是的认识路线。但与此同时我们必须明确，认识的相对性决定了在特定的时空范围内对于某个案件的全部事实予以完全认知是绝对不可能的，对其的认知只存在一种相对可能性。而刑事司法活动中的事实认识活动也是在特定时空范围内展开的，所以对于案件的认识同样也不可能达到一种绝对真实，只能是对于客观真实的一种最大限度的接近。在刑事诉讼活动过程中，通常一个具体的刑事案件要经过相当时间的侦查过程，随后再经过审查起诉阶段对所侦查事实证据予以把关，如果检察机关决定向法院移送起诉并且法院审查之后已经决定开庭时，有理由相信这已经达到了侦控机关所认为的证据确实充分的状态。又因为法庭审判对于案件事实认定的权威性与能否及时有效地解决刑事冲突以实现定纷止争，能否对公民先在权利予以救济并维护社会秩序起着决定性的作用，因此，法院一旦开庭便意味着所有的侦查活动应当停止，法庭应严格贯彻证据裁判原则，即只依据现有事实与证据作出裁判。换言之，就是对于案件事实的查明以及认定应当仅以审判阶段控辩双方所提交的证据为限，通过证据推理生成法律事实，从而完成法律真实的认识活动。但在我国刑事司法实践过程中，由于对认识论事实发现功能的过分夸大，并且过分强调认识的绝对性而否定其相对性，始终坚持“犯罪事实清楚，证据确实充分”的客观真实证明标准，一旦发现案件存在事实不清、证据不足的情形，往往就会启动程序回转机制，从而导致程序逆向运行。一种最具代表性的制度安排就是前面所论及的退回处理和发回重审，而这样的结果就是造成刑事案件始终无法结束，一直在诉讼程序中循环反复。

根据案件事实发现之就近原则，第一审程序与第二审程序相比与案件发生时间更近，其作为案件的初审环节相对更加容易查明案件事实。一审程序经过证据调查、法庭质证以及法庭辩论等环节，形成确定的合理心证，最终在查明案件事实的基础上适用法律并作出判决。〔1〕而二审作为上诉审程序属于救济程序，其主要功能在于对被告人进行程序救济与维护国家法律的统一适用，而事实问题不再是其庭审的主要内容，法律问题往往才是其庭审重心之所在。按常理而言，上诉审与一审程序相比，在案件事实的查明方面并没有任何优势。上诉审只是在法律适用方面具有相对优势，因为就一般情况而言，法官的逐级晋升制度确保了上诉法院的法官往往具有更加深厚的法学理论素养与精深准确地理解与适用法律的能力和技艺，进而才能够真正体现上诉审的救济功能与法律统一适用功能。然而，我国的上诉审程序实践对法院的事实发现义务与全面纠正错误职责给予过分强调，并且要求上诉审需要遵循全面审查与全案审

---

〔1〕 龙宗智：“论建立以一审庭审为中心的事实认定机制”，载《中国法学》2010 年第 2 期。

理原则，即对于一审案件的事实认定通常进行全面的审查，一旦发现存在事实不清、证据不足的情形，将会作出发回重审之司法裁定。而刑事再审案件则需要遵循一种不枉不纵、有错必纠的原则，如若发现生效判决赖以存在的事实不清楚、证据不充分，则同样会作出发回重审之司法裁定。基于上述原则之安排，案件程序通常又会回到初始状态。

即使如此，我们同样也无法保证发回重新审判的案件能否真正查明案件事实，但其弊病却是真实存在的。一方面对国家的司法资源造成浪费，另一方面使得被告人会遭受更长时间的羁押和承受身心双重煎熬。既损害程序公正性的彰显，又难以保证实体公正性的实现。基于此种现实，需要对我国刑事审判程序进行明确的功能区分，将查明案件事实的职责主要赋予一审程序，上诉审程序与刑事再审程序主要针对对于被告人之程序救济和对于违反法律适用的案件予以纠正，从而保证法律适用的统一性。在一审程序对于案件作出裁判之后，根据当事人的上诉或检察院的抗诉才能启动二审程序。而且审理过程必须遵循不告不理原则与有限审查之原则，只是针对上诉内容或抗诉内容进行审查，即上诉审只针对一审中所提交之事实予以审查认证，不可以接受单方面来自侦控机关的新的事实主张及证据。而再审程序原则上不对所有的事实问题进行调查，仅仅就法律适用问题或违反程序问题进行审查，从而真正体现上诉审与再审的维护法律统一适用的基本功能。当然，上诉审与再审都应当遵循禁止不利变更原则，一般情况下不再加重被告人刑罚。进而凸显庭审程序对法律真实之追求而不过分强调事实真实，以保证在强调程序正义的基础上实现实体正义，从而实现整个诉讼过程中的程序性制约。

（二）明确各诉讼阶段的任务，坚持侦查与庭审“双核心”

刑事诉讼阶段论是我国刑事诉讼活动中一直遵循的理论。

按照该理论将整个刑事诉讼活动划分为立案、侦查、审查起诉、审判和执行等阶段，阶段划分的目的是将任务方面存在较大差异的程序环节进行归类，从而对各个诉讼阶段作出明确区分。我国刑事诉讼阶段所进行的五个阶段的划分，在层次上是一种平行状态并且难以分出主次，从而导致了现实的刑事诉讼过程中出现侦查中心主义倾向。按照诉讼理论而言，立案阶段、侦查阶段与审查起诉阶段就目的任务而言都是为了法庭审判阶段进行的准备工作，而执行阶段又是对于审判结果的一种操作，因此，审判阶段才应该是整个刑事诉讼程序中最核心的阶段，也只有这样才是最符合司法之中立性、公正性和被动性的。而层次上的平行化与主次不分导致五个程序阶段在刑事诉讼活动中处于同等重要的地位，同时这种不分主次的程序安排使法庭审判在刑事诉讼中的中心地位与关键作用难以得到突出。

在这五个阶段的具体制度安排中，首先，立案作为独立的诉讼阶段是侦查阶段启动的前置程序，而立案的条件是有犯罪事实发生并需要追究刑事责任。通常而言，犯罪事实是否发生比较容易判断，但对于是否追究刑事责任的判断则往往需要借助于侦查才能明确。如此一来，立案程序与侦查程序二者之间便存在的一种内在矛盾便是立案阶段并不能与侦查阶段实现完全独立，即立案阶段任务的完成需要依托于侦查。而这一矛盾也给司法实践带来了众多困惑，使得侦查阶段发生大量的有案不立、不破不立的现象。因此，应将立案阶段的任务明确规定为只负责查明是否有犯罪事实发生而无需由其来确认是否需要追究刑事责任。其次，侦查阶段与审查起诉阶段同样是一种前后设置但并非同步进行的关系，而侦查阶段的结果恰恰是审查起诉阶段审查的对象，现实实践中往往发生由于侦查工作的不到位使得审查起诉工作瘫痪和证据达不到起诉标准的结果只能退回补充侦查等情形。学者们往往认为如此一来，一方面造成侦查效率低下，另一方面更为严重的是无法对侦查进行有效的规制从而造成侦查违法现象比较普遍。然而，此种弊端的出现恰恰是因为对侦查阶段任务的界定不正确所致。侦查应该只负责侦查案件事实和证据，而不应该保证案件一定能够通过审查起诉进而进入审判阶段，至于能否进入审判阶段是审查起诉阶段的任务。所谓的效率低下和违法侦查恰恰是因为这样一种“非法”任务的强加而导致的，限定侦查阶段必须查明犯罪嫌疑人及其能够证明其有罪的证据，其本身就是一种不合理的安排。因为无论是审查起诉阶段还是审判阶段所依托之证据均来自侦查阶段，将“非法”任务如此强加给侦查阶段，出现“侦查中心主义”之倾向也在所难免。因此，应将侦查阶段之任务限定为查明案件事实与证据，同时应包括有罪与无罪两种证据，无需对能否进入审判程序负责。再次，审查起诉阶段的主要任务就是审查侦查阶段所提交的侦查结果是否符合起诉条件，并不负有监督侦查必须达到满足起诉条件的职责。审查起诉只对侦查结果作出是否符合起诉条件的判断即可。最后，应当将我国实际存在的侦查中心主义诉讼程序转化为审判中心主义的诉讼程序，坚持诉讼阶段以庭审为中心。[1]当然，这不是说侦查等其他诉讼阶段不重要，而是强调在整个诉讼程序中审判阶段的重要性，强调能否作出是否有罪结论的只有审判阶段，而其他侦查、审查起诉等阶段所认定的是否有罪的结论不具有法定性。基于此，侦查阶段需要查明案件事实与证据，而审判阶段则需要对这些案件与事实作出是否有罪与罪轻罪重的法律判断。缺失案件事实与证据自然无法实现法律的正确裁判，而缺失合法

〔1〕 孙长永：“审判中心主义及其对刑事程序的影响”，载《现代法学》1999年第4期。

的审判程序则案件事实与证据便失去价值。同时，所谓的立案、审查起诉以及执行均是对这两个阶段的辅助与延续，因此，必须坚持侦查与审判的“双核心”，才能在实践中既确保有效惩罚犯罪，又保障被追诉人的合法权利。为实现刑事诉讼这两个方面的价值，需要整合国家控诉职权，应当将立案、侦查与审查起诉合并构建为高效一体化的刑事审判前程序，将立案程序直接变为案件信息登记制度，将审查起诉程序变为对公安侦查行为的辅助与监督。在对刑事审判前程序进行调整的同时，应当突出法庭审判的事实认定与法律适用功能，明确其司法审查职能，进而保证侦查与审判之“双核心”地位。

为此，还需建立预审法官制度，赋予预审法官在刑事审判前程序中对侦查与审查起诉两个阶段一定的审查职责，此种制度设计的目的是为辩护方提供及时和有效的司法救济。使审判权能延伸至审判前阶段，建立并实施控、辩、审三主体的行为同步运作机制，进而强化在整个法庭审判中的对抗化与实质化。除此之外，第一，要废除案卷笔录中心主义的做法，进一步强化法庭质证的公开性与对席性，要求所有证人必须在法庭上接受质证后才能采信其证词，要求所有的实物证据必须当庭出示并由法官对证据收集情况进行质询。第二，改革目前的案卷移送方式与法官庭前程序审查的不合理做法，改为法官进行庭前实质审查并建立独立的预审法官阅卷制度，庭审法官只有在经过预审法官的庭前审查并下达开庭通知之后才能进行法庭审理。第三，预审法官不能参与法庭审判活动，也不能将案卷交与庭审法官，以保证庭审严格按照直接言词原则的要求展开。

（三）进一步纠正审判之实体化行为

保证侦查与审判的“双核心”地位的同时还要避免两种倾向：侦查中心主义倾向与审判司法专断倾向。当然，具体到我国刑事司法决策运行机制的实践，可能是侦查中西主义倾向更值得予以变革，但变革不仅要改正现存的问题，同样要避免可能产生的问题。因此，仍然需要对审判之实体化行为予以纠正。

（1）要求严格实行控诉与审判的分离，即法官对于案件受理之范围必须限于按照法律规定由控诉机关或当事人主动提交司法解决之纠纷，并且必须在诉讼范围之内作出裁断，不可任意扩展。如此便将法官的职能限定于审理案件，而不可基于各种法外因素任意扩展案件进而追求其他目的。法官审案严格受诉因的限制是司法文明进步的重要标志，此制度可以从最大限度上防止司法专断倾向。同时，这也向法院对于控诉机关补充侦查之请求的无限制满足提出要求，法院如果无限制满足控诉机关补充侦查之请求无异于站在控诉机关之战线，进而形成共同针对被告人之诉讼局势，也无异于将自身的审判职能扩展至追诉犯罪。因此，在刑事司法决策机制运行的过程中要严格做到控审分离。目前，最高法院已经充分意识到严格恪守控审分离原则对树立司法权威，维护司法公正的重要意义。

（2）明确法官审理案件必须在法律规定的期限内得出结论。这意味着法官审案应当及时审理，不可久拖不决。现实司法实践中，我国刑事诉讼案件中存在超期羁押的现象严重，表面看超期羁押与法院审判没有太大关系，但事实上往往是因为控诉机关要求补充侦查而直接导致，进而导致司法效率低下。深层次来看则与法院审判期限的自由裁量行为难以撇清关系，因为正是法院对于审判期限制度之不重视才导致了控诉机关对于审判程序的不重视。而法院这种对于审判期限的态度，一是没有把审判及时性原则与公民的合法权利联系起来，二是没有充分意识到超审限办案的危害性。因此，必须使我们的法官牢固树立“迟来的正义非正义”的观念。

（3）司法判决必须清晰并予以公开。这便是将法院的审判活动置于各方的监督之下，保证司法判决的公正性和当事人合法权益的行使。刑事司法判决事关当事人的财产权利、自由甚至生命权利，具有极强的严肃性。当前，随着我国司法改革进程的不断深入，我国的刑事司法判决与过去相比确实有了很大程度的改进，但仍然存在不少问题。例如，判决中根据自己的需要对证据予以罗列，对予以采信的证据缺失理由的阐明，对未予采信的证据缺少充分的批驳，对于事实认定所依据的证据链条缺乏必要的逻辑推理，对于判决最终结论的作出也缺少详尽的论证。刑事诉讼中同样一个自首条件，可能会因为一句“不足以从轻”即可将被告人置于死地，也可能会因为一句“应予以从轻”即可使被告人逃脱生死之劫，从而缺少一个统一固定的量刑标准。因此，应进一步加强司法判决的规范性和说理性，使当事人清楚地知道判决依据之所在。与此同时，应该用公正严明的判决要求规制法官自由裁量权的行使，进而保证刑事司法审判的稳定性，进一步稳固刑事司法审判阶段之核心地位。

参考文献

一、著作类

[1]《马克思恩格斯选集》(第1卷)，人民出版社1995年版。

[2]《马克思恩格斯选集》(第2卷)，人民出版社1995年版。

[3] 杨一平:《司法正义论》，法律出版社1999年版。

[4] [美] 彼得·G. 伦斯特洛姆:《美国法律辞典》，贺卫方等译，中国政法大学出版社1998年版。

[5] 严复译:《法意·第十九卷第二十六章·案语》。

[6] "上清帝第六书"，载《戊戌变法》(第2册)。

[7]《章化丛书·检论卷七·刑官》。

[8]《大清法规大全·法律部》。

[9] (清) 载泽:"奏请宣布立法奏折"，载《辛亥革命》(第4册)。

[10]《大清宣统政统》卷二十八。

[11] 张晋藩:《中国法律的传统与近代转型》，法律出版社1997年版。

[12]《南京临时政府公报·法制》一、二号。

[13] [古希腊] 亚里士多德:《政治学》，吴寿彭译，商务印书馆1981年版。

[14] [英] 洛克:《政府论》(下篇)，叶启芳、瞿菊农译，商务印书馆1964年版。

[15] 朱力宇主编:《依法治国论》，中国人民大学出版社2004年版。

[16] [法] 孟德斯鸠:《论法的精神》(上)，张雁深译，商务印书馆1982年版。

[17] [美] 汉密尔顿等:《联邦党人文集》，程逢如等译，商务印书馆1995

年版。
[18] [英] 安德鲁·海伍德:《政治学》,张立鹏译,中国人民大学出版社2006年版。
[19] [奥] 凯尔森:《法与国家的一般理论》,沈宗灵译,中国大百科全书出版社1996年版。
[20] [美] 伯纳德·施瓦茨:《行政法》,徐炳译,群众出版社1986年版。
[21] 《牛津高阶英汉双解词典》,牛津大学出版社、商务印书馆2004年版。
[22] 孙长永:《探索正当程序——比较行使诉讼法专论》,中国法制出版社2005年版。
[23] 胡夏冰、冯仁强主编:《司法公正与司法改革研究综述》,清华大学出版社2001年版。
[24] [法] 托克维尔:《论美国式的民主》(上卷),董国良译,商务印书馆1993年版。
[25] 吴磊:《中国司法制度》,中国人民大学出版社1988年版。
[26] 章武生、左卫民:《中国司法制度导论》,法律出版社1994年版。
[27] 杨一平:《司法正义论》,法律出版社1999年版。
[28] 黄竹生:《司法权新探》,广西师范大学出版社2003年版。
[29] 陈守一、陈宏生:《法学基础理论》,北京大学出版社1981年版。
[30] 栗劲、李放:《中华实用法学辞典》,吉林大学出版社1988年版。
[31] 张文显:《法理学》,高等教育出版社、北京大学出版社1999年版。
[32] [美] 德沃金:《法律帝国》,李常青译,中国大百科全书出版社1996年版。
[33] 沈宗灵主编:《法理学》,高等教育出版社1999年版。
[34] 付子堂主编:《法理学初阶》,法律出版社2005年版。
[35] 陈光中等:《中国司法制度的基础理论问题研究》,经济科学出版社2010年版。
[36] 王利明:《司法改革研究》,法律出版社2000年版。
[37] [苏联] H. N. 波鲁全夫:《预审中讯问的科学基础》,冯树梁译,群众出版社1985年版。
[38] 陈卫东等:《检察监督职能论》,群众出版社1983年版。

［39］杨殿升、张若羽、张玉镶:《刑事侦查学》，北京大学出版社 1993 年版。
［40］王利明:《物权法研究》(修订版，上卷)，中国人民大学出版社 2007 年版。
［41］郭晓彬:《刑事侦查学》，群众出版社 2002 年版。
［42］陈朴生:《刑事诉讼法论》，正中书局 1971 年版。
［43］陈朴生:《刑事诉讼法实务》，海天印刷有限公司 1982 年版。
［44］刁荣华:《刑事诉讼法释论》(上册)，汉苑出版社 1978 年版。
［45］朱立恒:《社会主义法治理念与司法组织体系改革》，法律出版社 2012 年版。
［46］公安部政治部编:《刑事侦查学导论》，警官教育出版社 1997 年版。
［47］［意］贝卡利亚:《论犯罪与刑罚》，黄风译，中国大百科全书出版社 1993 年版。
［48］［英］丹宁勋爵:《法律的正当程序》，李克强等译，法律出版社 1999 年版。
［49］陈光中等:《中国司法制度的基础理论问题研究》，经济科学出版社 2010 年版。
［50］陈国庆:《检察制度原理》，法律出版社 2009 年版。
［51］童兆洪:《民事执行权研究》，法律出版社 2004 年版。
［52］肖扬:《当代司法体制》，中国政法大学出版社 1998 年版。
［53］韩大元主编:《外国宪法》(第 2 版)，中国人民大学出版社 2005 年版。
［54］［德］克劳斯罗科信:《刑事诉讼法》，吴丽琪译，法律出版社 2003 年版。
［55］［英］维尔:《宪政与分权》，苏力译，三联书店 1997 年版。
［56］赵震江:《分权制度和分权理论》，四川人民出版社 1988 年版。
［57］沈德咏:《中国特色社会主义司法制度论纲》，人民法院出版社 2009 年版。
［58］［美］潘恩:《潘恩选集》，马清槐译，商务印书馆 1989 年版。
［59］赵秉志:《刑法改革问题研究》，中国法制出版社 1996 年版。
［60］孙谦:《检察：理念、制度与改革》，法律出版社 2004 年版。
［61］陈光中、徐静村主编:《刑事诉讼法学》，中国政法大学出版社 1999

年版。
[62] 江伟、赵秀举："论执行行为的性质与执行机构的设置"，载陈光中：《依法治国，司法公正——诉讼法理论与实践：1999 年卷》，上海社会科学院出版社 2000 年版。
[63] [美] 博登海默：《法理学——法律哲学与法律方法》，邓正来译，中国政法大学出版社 2001 年版。
[64] 陈瑞华：《刑事诉讼的前沿问题》，中国人民大学出版社 2005 年版。
[65] 苏力：《制度是如何形成的》，北京大学出版社 2007 年版。
[66] 苏力：《送法下乡：中国基层司法制度研究》，中国政法大学出版社 2000 年版。
[67] [美] 理查德 · A. 波斯纳：《联邦法院挑战与改革》，邓海平译，中国政法大学出版社 2002 年版。
[68] 顾永忠、苏凌主编：《中国式对抗制庭审方式的理论与探索》，中国检察出版社 2008 年版。
[69] 孙谦：《中国特色社会主义检察制度》，中国检察出版社 2009 年版。
[70] 龙宗智、杨建广：《刑事诉讼法》，高等教育出版社 2010 年版。
[71] 卞建林主编：《中国刑事司法改革探索——以联合国刑事司法准则为参照》，中国人民公安大学出版社 2007 年版。
[72] 陈光中主编：《中华人民共和国刑事证据专家拟制稿（条文、释义与论证）》，中国法制出版社 2004 年版。
[73] 何勤华、任超：《法治的追求——理念、路径和模式的比较》，北京大学出版社 2005 年版。
[74] 史尚宽：《物权法论》，中国政法大学出版社 2000 年版。
[75] [德] 拉德布鲁赫：《法学导论》，米健译，中国大百科全书出版社 2003 年版。
[76] 孙宪忠：《德国当代物权法》，法律出版社 1997 年版。

二、论文类

[1] 陈瑞华："司法权的性质"，载《法学研究》2000 年第 5 期。
[2] 赖梁盟、郝婧文："从司法改革角度解读司法权"，载《当代法学论

坛》2009 年第 1 期。
[3] 谭世贵:“中国司法权的界定、调整与优化”，载《学习与探索》2012 年第 4 期。
[4] 王建国:“司法能动的正当性分析”，载《河北法学》2009 年第 5 期。
[5] 宫万路、杜水源:“论侦查权的概念”，载《江苏公安专科学院学报》2001 年第 1 期。
[6] 陈卫东、李奋飞:“论侦查权的司法控制”，载《政法论坛（中国政法大学学报）》2000 年第 6 期。
[7] 何家弘:“公、检、法 = 做饭、卖法、吃饭?”，载《政府法制》2003 年第 2 期。
[8] 陈琛:“公安机关刑事侦查行为的可诉性研究”，载《学术界》2016 年第 11 期。
[9] 徐显明:“司法改革二十题”，载《法学》1999 年第 9 期。
[10] 郝银钟:“检察权质疑”，载《中国人民大学学报》1999 年第 3 期。
[11] 李德海:“论司法独立”，载《法律科学》2001 年第 1 期。
[12] 张智辉:“论检察权的性质”，载《检察日报》2000 年 3 月 9 日。
[13] 陈光中、崔洁:“司法，司法机关的中国式解读”，载《中国法学》2007 年第 2 期。
[14] 邱学强:“论检察体制改革”，载《中国法学》2003 年第 3 期。
[15] 罗树中:“检察委员会科学决策机制研究”，载《中国刑事法杂志》2011 年第 1 期。
[16] 万毅:“历史与现实交困中的案件请示制度”，载《法学》2005 年第 2 期。
[17] 侯猛:“案件请示制度合理的一面——从最高人民法院角度展开的思考”，载《法学》2010 年第 8 期。
[18] 张华、王丽:“我国法官选任制度研究”，载《金陵法律评论》2004 年第 2 期。
[19] 陈瑞华:“为中国‘案件请示’把脉”，载《法制资讯》2009 年第 5 期。
[20] 樊荣:“关于案件请示制度的若干思考”，载《江苏教育学院学报

（社会科学版）》2005 年第 5 期。
[21] 尹洪茂、丁孝君：“试论合议机制与承办人制度的冲突与协调”，载《山东审判》2001 年第 4 期。
[22] 张永会：“深化主诉检察官办案责任制度的思考”，载《中国检察官》2006 年第 6 期。
[23] 戴景田、张文娟：“检察机关案件管理中心论要”，载《人民检察》2009 年第 18 期。
[24] 张小玲：“论刑事程序中的‘程序分流’”，载《政法论坛》2003 年第 2 期。
[25] 朱孝清：“中国检察制度的几个问题”，载《中国法学》2007 年第 3 期。
[26] 谢鹏程：“论社会主义法治理念”，载《中国社会科学》2006 年第 1 期。
[27] 张洪涛：“中国法院压力之消解——一种法律组织学解读”，载《法学家》2014 年第 1 期。
[28] 陈瑞华：“论侦查中心主义”，载《政法论坛》2017 年第 2 期。
[29] 秦宗文：“‘侦查重心主义’研究——对‘以审判为中心’诉讼制度改革的反思与拓展”，载《四川大学学报（哲学社会科学版）》2017 年第 3 期。
[30] 杨蓉、高峻记录整理：“国际司法对话：法国司法制度和检法及检警关系”，载《中国检察官》2008 年第 1 期。
[31] 陈瑞华：“案卷移送制度的演变与反思”，载《政法论坛》2012 年第 5 期。
[32] 王尚新：“刑事诉讼法修改的若干问题”，载《法学研究》1994 年第 5 期。
[33] 左卫民：“中国刑事案卷制度研究——以证据案卷为重心”，载《法学研究》2007 年第 6 期。
[34] 陈瑞华：“案卷笔录中心主义——对中国刑事审判方式的重新考察”，载《法学研究》2006 年第 4 期。
[35] 张能全：“论以审判为中心的刑事司法改革”，载《社会科学战线》

2015 年第 10 期。

[36] 汪建成、杨雄:“比较法视野下的刑事庭前审查程序之改造”，载《中国刑事法杂志》2002 年第 6 期。

[37] 葛同山:“刑事诉讼中的国家权力配置规律研究”，载《新疆社会科学》2008 年第 1 期。

[38] 刘成高、蔡伟民:“刑事诉讼中法检权力配置关系研究”，载《西南民族大学学报（人文社会科学版）》2016 年第 6 期。

[39] 叶青、陈海峰:“由赵作海案引发的程序法反思”，载《法学》2010 年第 6 期。

[40] 孙宪忠:“论不动产物权登记”，载《中国法学》1996 年第 5 期。

[41] 刘作翔:“中国司法地方保护主义之批判——兼论‘司法权国家化’的司法改革思路”，载《法学研究》2003 年第 1 期。

[42] 杨小军:“法治中国视域下的司法体制改革研究”，载《法学杂志》2014 年第 3 期。

[43] 马长山:“法外‘政治合法性’对司法过程的影响及其消除——以‘李国和案’为例”，载《法商研究》2013 年第 5 期。

[44] 孔祥林:“影响司法公正的制度性缺陷分析”，载《唯实》2000 年第 3 期。

[45] 杨小军:“法治中国视域下的司法体制改革研究”，载《法学杂志》2014 年第 3 期。

[46] 陈瑞华:“司法裁判的行政决策模式——对中国法院‘司法行政化’现象的重新考察”，载《吉林大学社会科学学报》2008 年第 4 期。

[47] 朱苏力:“论法院的审判职能与行政管理”，载《中外法学》1999 年第 5 期。

[48] 张卫平:“论我国法院体制的非行政化——法院体制改革的一种基本思路”，载《法商研究》2000 年第 3 期。

[49] 张明乃、陆福兴:“司法行政化对司法公正的危害”，载《湖南农业大学学报（社会科学版）》2004 年第 6 期。

[50] 孙长永、王彪:“论刑事庭审实质化的理念、制度和技术”，载《现代法学》2017 年第 2 期。

[51] 葛琳："行使诉讼程序回转现象之反思"，载《西部法学评论》2010年第6期。
[52] 陈卫东："司法'去地方化'：司法体制改革的逻辑、挑战及其应对"，载《环球法律评论》2014年第1期。
[53] 黄雀莺："论法院和检察院的权力配置关系"，载《福州大学学报（哲学社会科学报）》2015年第3期。
[54] 张建伟："从权力行使型到权力抑制性——刑事程序构造的重新设定"，载《政法论坛》2004年第3期。
[55] 陈瑞华："近年来刑事司法改革的回顾与反思"，载《国家检察官学院学报》2008年第1期。
[56] 樊崇义、张中："论刑事司法体制改革与诉讼结构之调整"，载《环球法律评论》2006年第5期。
[57] 韩大元："论审判独立原则的宪法功能"，载《苏州大学学报（法学版）》2014年第1期。
[58] 陈光中："刑事诉讼法再修改之基本理念——兼及若干基本原则之修改"，载《政法论坛》2004年第3期。
[59] 龙宗智："论建立以一审庭审为中心的事实认定机制"，载《中国法学》2010年第2期。
[60] 孙长永："审判中心主义及其对刑事程序的影响"，载《现代法学》1999年第4期。
[61] [苏联] 列宁："论双重领导体制和法制"，载《列宁全集》(第43卷)，人民出版社1987年版。
[62] 毛泽东："论人民民主专政"，载《毛泽东选集》（第4卷），人民出版社1991年版。
[63] 龙宗智、李常青："论司法独立于司法受制"，载龙宗智：《相对合理主义》，中国政法大学出版社1999年版。
[64] 毛泽东："论联合政府"，载《毛泽东选集》（第3卷），人民出版社1991年版。
[65] 吴孟栓："论侦查权与法律监督"，载孙谦、刘立宪主编：《检察论丛》（第2卷），法律出版社2001年版。

［66］杜树生：“检察机关侦查权研究”，西南政法大学 1998 年硕士学位论文。

三、其他类

［1］北京社会与科技发展研究所：《牛津法律大辞典》，光明日报出版社 1988 年版。

［2］薛波：《元照英美法词典》，法律出版社 2003 年版。

［3］杨春洗等：《刑事法学大辞书》，南京大学出版社 1990 年版。

［4］《新编实用法律辞典》，中国检察出版社 1998 年版。

［5］曾龙跃：《中国检察百科词典》，黑龙江人民出版社 1993 年版。

［6］江必新：“论合议庭职能的强化”，载《人民法院报》2002 年 9 月 18 日。

［7］蒋惠玲：“管理层面上的合议庭负责制”，载《人民法院报》2008 年 2 月 26 日。

［8］最高人民法院：“人民法院五年改革的纲要”，载《人民法院报》1999 年 10 月 20 日。

［9］最高人民法院：“人民法院第二个五年改革的纲要（2004~2008）”，载《人民法院报》2005 年 10 月 26 日。

［10］周恩来：“第一届全国人民代表大会的政府工作报告”，载《新华月报》1954 年第 10 号。

［11］刘武俊：“法官职业走出泛行政化定位的误区”，载《人民日报》2002 年 8 月 5 日。

［12］张非非、俞丽虹：“司法公正要求领导批示少些再少些！”，载 http://news.xinhuanet.com/misc/2002-03/12/content_965886.htm，最后访问时间：2013 年 4 月 13 日。